Niederdeutsch
brünne, Kiwwe, niing, verkööfen
Kassel
Nordhessisch
Borken
Fulda
Biedenkopf
Dillenburg
Gießen
Zentral-hessisch
Fulda
Osthessisch
brau, Keuh, neu, verkaafe
Büdingen
bruin, Köh, nün, verkeif
Frankfurt
Wiesbaden
Main
Südhessisch
Darmstadt
brau, Kieh, nei, verkaafe

LARS VORBERGER

Hessisch

Vom Babbeln und Schnuddeln

Dudenverlag
Berlin

Vorwort

Kommen Sie aus Hessen, besuchen Sie das Bundesland oft oder interessieren Sie sich einfach für Hessen und seine Sprache? Dann haben Sie sich vielleicht schon einmal gefragt, was Hessisch eigentlich ist, welche Dialekte man in Hessen spricht oder ob dort überhaupt noch Dialekt gesprochen wird, welche lautlichen und grammatischen Merkmale typisch »hessisch« sind oder welche Wörter aus Hessen kommen?

Wenn Sie Antworten auf diese und viele weitere Fragen erhalten und gleichzeitig das eine oder andere über kulturelle Besonderheiten in Hessen erfahren möchten, dann begleiten Sie mich gerne auf dieser unterhaltsam-informativen Reise durch die hessische Sprachlandschaft. Die Reise führt uns von Kassel bis nach Frankfurt und von der Rhön bis in den Taunus. Zwischendrin legen wir sowohl einen Halt bei Goethe als auch bei der Familie Hesselbach ein, ehe wir uns hessischer Comedy widmen. Dann geht es weiter von den Chatten über den Sprachwandel im 19. Jahrhundert bis zur aktuellen Sprachsituation sowie von den alten Dialekten bis hin zu neuen Formen regionalen Sprechens. Immer wieder kommen wir dabei auf die hessische Aussprache und Grammatik sowie besondere hessische Wörter zu sprechen. Am Ende der Reise werden Sie dann für sämtliche Fragen gewappnet sein und beantworten können, was Hessisch alles ist. Denn eines sei vorweggenommen: Wenn Sie sich mit mir auf die Reise durch die hessische Sprachlandschaft wagen, dann befinden Sie sich im komplexesten Dialektgebiet auf deutschem Boden.

Das eine Hessisch?

Vorab möchte ich Sie schon einmal darauf hinweisen, dass es »das Hessische« so eigentlich gar nicht gibt. Wir verstehen darunter verschiedene Sprechweisen – Dialekte und neue Formen regionalen Sprechens –, die zum Hessischen zusammengefasst werden können. Auf Ebene der Dialekte unterscheiden wir vier große Räume: Nord-, Ost-, Zentral- und Südhessisch. Hier sprechen die Menschen Dialekte, die sich jeweils so ähnlich sind, dass die Wissenschaft sie zusammenfasst. Hessisch ist also ein Sammelbegriff für die große Vielfalt der Sprache in Hessen – man spricht deshalb auch von der hessischen Sprachlandschaft. Mehr dazu erfahren Sie auf unserer gemeinsamen Reise zum Beispiel im Beitrag »Hessisch = Hessisch?«.

Diese Tatsache hat praktische Folgen im Text: An manchen Stellen werde ich von Merkmalen der einzelnen Dialekträume sprechen und auch Beispiele geben. Diese Beispiele entsprechen möglicherweise nicht immer hundertprozentig der Form, die Sie kennen oder sogar verwenden. Ich gehe hier jedoch immer von der Hauptform im jeweiligen Gebiet aus und nenne zum Teil Varianten – alle hessischen Formen eines Wortes aufzuzählen, hätte wahrscheinlich Tausender Bücher bedurft. Und so kann es sein, dass kleinere Unterschiede, die für Menschen, die Hessisch sprechen, wichtig sind (»im Nachbardorf spricht man ganz anders«), hier zur übergreifenden Beschreibung der Dialekte keine ganz so entscheidende Rolle spielen.

Gut zu wissen

Dieses Buch ist sprachwissenschaftlich basiert und enthält Beiträge zur Sprache und Kultur in Hessen, die anhand konkreter Stichwörter in Wörterbuchaufmachung angeordnet sind. Die Beiträge selbst gehen aber über die Behandlung einzelner Wörter hinaus und besprechen die Themen eher anekdotisch mit den jeweiligen Stichwörtern als Aufhänger. Sie können das Buch also gerne von vorne bis hinten durchlesen, zu einzelnen Beiträgen springen oder nur ausgewählte Beiträge lesen. Die einzelnen Texte bauen nicht aufeinander auf und sind jeweils für sich verständlich. Die blauen Felder am Ende eines Abschnitts zeigen an, wenn auf einen anderen Text verwiesen wird, sodass Sie wissen, wo Sie mehr zu einem Thema erfahren können.

Am Ende des Buches finden Sie ein kleines Glossar. Dort sind die wichtigsten sprachwissenschaftlichen Grundlagen verständlich dargestellt und kurz zusammengefasst. Es wird dabei unter anderem erklärt, wie Dialekte überhaupt eingeteilt werden und was die regionale Umgangssprache in Abgrenzung zum Dialekt ist. Sie können die Erklärungen gerne durchsehen, ehe wir unsere Reise durch Hessen beginnen – als kleine Reisevorbereitung sozusagen. Es bietet sich aber auch an, immer dann etwas nachzuschlagen, wenn Sie an etwas mehr sprachwissenschaftlichem Hintergrundwissen interessiert sind.

Ein weiterer Hinweis vorab gilt der Verschriftlichung der Dialektwörter. Wenn Sie Dialekt sprechen, wissen Sie bestimmt, wie schwierig es ist, diesen zu Papier zu bringen. Es gibt hier keine geregelte Rechtschreibung wie in der Standardsprache. Es gibt mit der Lautschrift, die sogar ein eigenes Alphabet hat, zwar die Möglichkeit, jede Sprache und auch jeden Dialekt zu verschriftlichen, davon sehe ich hier aber ab, weil dieses Lautsystem wenig bekannt und schwer zugänglich ist. Stattdessen habe ich versucht, die dialektale Form der Wörter mithilfe der uns bekannten Mittel der Orthografie wiederzugeben. Wichtig dabei ist, zu betonen, dass zum Zweck der Eindeutigkeit jeweils nur der besprochene Teil hessisch und der Rest des Wortes meist wie im Standarddeutschen verschriftlicht ist. Natürlich wird aber eigentlich das ganze Wort hessisch ausgesprochen. Wenn wir die Aussprache einzelner Laute im Fließtext besprechen, werden diese mit eckigen Klammern markiert.

Bedanken möchte ich mich an dieser Stelle bei meiner hessischen Familie und meinen hessischen sowie nicht hessischen Freundinnen und Freunden für offene Ohren, Diskussionen und Inspirationen. Mein Dank gilt auch Dr. Laura Neuhaus, Julia Renkwitz und dem Team des Dudenverlags für die Betreuung des Projekts.

Mit diesen einleitenden Worten im Gepäck, lade ich Sie nun dazu ein, unsere Reise durch die Sprach- und Kulturlandschaft des Hessischen zu beginnen.

Lars Vorberger

Ahle Worscht

Ahle Worscht, auch *ahle Wurst*, *ahle Wurscht* oder *rote Wurst* genannt, zählt neben Äppler, Bethmännchen, grüner Soße und Handkäs mit Musik zu den kulinarischen Köstlichkeiten aus Hessen, deren Genuss ich Ihnen wärmstens empfehlen kann. Die *ahle Worscht* ist eine meist luftgetrocknete Dauerwurst aus Schweinefleisch, die traditionell in Nordhessen hergestellt wird und einer Salami ähnelt. Die Bezeichnung bedeutet ›alte Wurst‹ und stammt vom langen Reifeprozess der Wurst, die beim Verzehren dann schon recht »alt« ist.

Äppler S.13 ▪ Bethmännchen S.22
Grüne Soße S.47 ▪ Handkäs mit Musik S.54

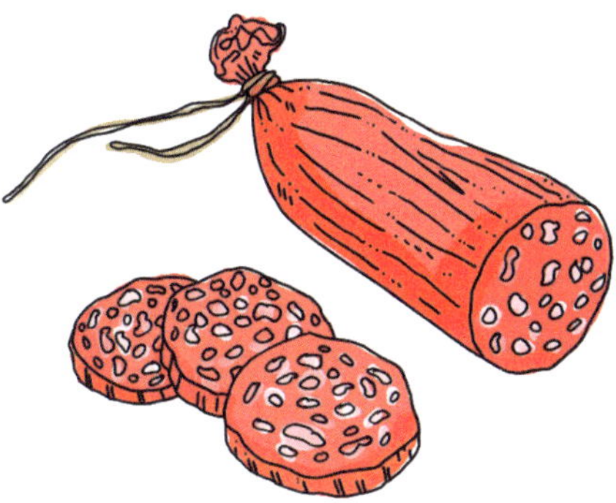

Ahle Worscht

Dieses regionale Produkt hat also auch einen regionalen Namen. ›Wurst‹ wird im Hessischen, aber auch darüber hinaus, oft *Wurscht* ausgesprochen. Das kommt manchmal bei der Lautfolge [rst] vor – ein anderes Beispiel dafür ist *Durscht* für ›Durst‹. Darüber hinaus werden Vokale vor [r] in den hessischen Dialekten häufig etwas offener ausgesprochen, das heißt, der Mund wird ein Stück weiter geöffnet. So ist es auch hier bei *Worscht* [o] für ›Wurst‹ [u]. Aber wie wird aus *alte* nun *ahle*?

Im Nordhessischen und Zentralhessischen wird ›alt/e‹ zu *ahl/e*. In Osthessen sagt man *all/e* oder *ald/e* und im Südhessischen *ald/e* oder *old/e*. Die Form *ahle* kommt daher, dass in den nord- und zentralhessischen Dialekten das [a] vor einem [lt] gelängt wird und das [t] dabei wegfällt, neben *ahle* heißt es hier dann auch beispielsweile *kahle* für ›kalte‹. In Ortenberg in der Wetterau können Sie heute noch auf den *kahle Määrt* ›den kalten Markt‹ gehen, dem größten Volksfest in Oberhessen. Benannt ist es nach dem Zeitpunkt im Oktober, wenn es schon recht kalt sein kann.

Dialektersatz

Anhand des Wortes *ahle* kann ein allgemeinerer sprachlicher Wandel gut aufgezeigt werden: Der Ersatz des Dialekts durch die regionale Umgangssprache. In einer Studie zur Sprache in Büdingen in der Wetterau wurden verschiedene Sprecher untersucht und unter anderem Aufnahmen im Dialekt und in der Standardsprache durchgeführt. Dabei zeigt sich, dass der ältere Sprecher in dieser Studie, der den Dialekt noch recht gut sprechen kann, für ›alte‹ im Dialekt *ahle* sagt. Wenn er aber standardsprachlich sprechen möchte, sagt er *alde*. Interessanterweise lässt sich diese Form der regionalen Umgangssprache zuordnen, sie entspricht weder dem alten Dialekt *(ahle)* noch der Standardsprache *(alte)*. Ein [d] für ein [t] zu sprechen, ist ein typisches Merkmal dieser Umgangssprache und wird vom Frankfurterischen gestützt, wo es ebenfalls vorkommt. Der jüngere Sprecher in dieser Studie sagt für ›alte‹, wenn er standardsprachlich sprechen möchte, auch *alte*, wenn er allerdings Dialekt sprechen soll, sagt er *alde*, wählt also die Form der regionalen Umgangssprache.

Frankfurt S.39

Wie lässt sich das erklären? Der junge Sprecher beherrscht den Dialekt nicht mehr und die älteren Menschen verwenden eher die regionale Umgangssprache, wenn sie mit ihm sprechen. Deshalb ist ihm die Form *ahle* unbekannt, *alde* kennt und verwendet er aber. Weil sich das von der Form der Standardsprache *(alte)* unterscheidet, ist das für ihn der Dialekt, auch wenn es aus wissenschaftlicher Sicht regionale Umgangssprache ist. Dieser Umwertungsprozess steht beispielhaft für den allgemeinen Sprachwandel vom Dialekt zur regionalen Umgangssprache.

Regionale Umgangssprache S.124

Bei der *ahlen Worscht* wird sich *ahle* wohl noch lange halten, da es sich um einen etablierten, feststehenden Namen handelt. Ansonsten haben wir gesehen, dass es mehr und mehr durch *alde* ersetzt wird – worin sich beispielhaft zeigt, wie der Dialekt durch die regionale Umgangssprache ersetzt wird.

Als fort

Als falsche Freunde bezeichnet man Wörter verschiedener Sprachen, die ähnlich oder identisch aussehen, die aber eine ganz andere Bedeutung haben. Diese falschen Freunde gibt es auch zwischen den hessischen Sprechweisen und der Standardsprache. Das Wort *als* ist gleich in zweierlei Hinsicht ein Beispiel dafür. Für das standardsprachliche *als*, im Sinne einer zeitlichen Angabe wie ›als wir gestern spielten‹, wird im Hessischen *wie* (selten auch *wo*) gebraucht: *wie wir gestern spielten*. Auch bei Vergleichen wird *als* durch *wie* ersetzt: *die ist schneller wie der* (= sie ist schneller als er). Gerne werden die beiden Wörter hier auch miteinander verbunden, mit derselben Bedeutung: *Die ist schneller als wie der*.

Das hessische *als* hat in der Standardsprache wiederum eine ganz andere Bedeutung. Man kann es am ehesten mit ›immer‹ oder auch ›sehr oft‹ übersetzen. *Der Schorsch guckt mich als an* bedeutet dann etwa so viel wie: ›Georg schaut mich die ganze Zeit / immer an.‹ *Als fort* oder *als widder* sind Beispiele, die man sehr oft – also *als* – in Hessen hört und die so viel wie ›immer wieder‹ bedeuten.

Wenn Sie also sehr oft in Hessen sind und dort öfter als zum Beispiel in Thüringen, dann können Sie gerne davon sprechen, dass Sie *als in Hessen und dort öfter wie in Thüringen* sind. Und bedenken Sie dabei aber immer – oder *als* – den falschen Freund *als*.

Äppler

Sicher ist Hessen für viele kulinarische Köstlichkeiten bekannt, doch wohl nichts gehört so sehr zu Hessen wie der Apfelwein – regional auch *Äppelwoi*, *Äppler* oder auch *Stöffsche* genannt. Seit dem 16. Jahrhundert ist er urkundlich belegt und gehört zu Hessen wie der Löwe im Wappen. Oft finden sich dialektale Schreibweisen mit e, da das Wort aber von *Apfel* kommt, schreiben wir es hier mit ä. Denn genau diese Verwandtschaft mit *Apfel* interessiert uns: Wie Sie gesehen haben, fehlt bei *Äppler* das [f], ebenso bei der hessischen Aussprache von ›Apfel‹ und ›Äpfel‹: *Appel* und *Äppel*.

Bethmännchen S.22 ▪ Grüne Soße S.47
Handkäs mit Musik S.54 ▪ Kulinarisches S.71
Süßes aus Hessen S.103

Appel für den Äppler

Das hat mit einem der bekanntesten und wichtigsten Sprachwandel zu tun: der zweiten Lautverschiebung. Kurz gesagt betrifft sie einige Laute (nämlich [p], [t], [k]), die sich in manchen Sprachen und Dialekten verändert oder eben verschoben haben und in anderen wiederum nicht. Das alles geschah wohl ungefähr vor 1500 Jahren und vollzog sich schrittweise. Unsere Standardsprache gehört zu den Sprachen, in denen die Lautverschiebung stattgefunden hat: Hier heißt es *Apfel*, *Katze* und *Buch*. Wenn wir diese Beispiele mit dem Englischen vergleichen, bei dem die Lautverschiebung nicht stattgefunden hat, erkennen wir sofort, worum es sich bei der Lautverschiebung handelt: *apple*, *cat* und *book*. Im Englischen wie auch in anderen germanischen Sprachen (beispielsweise im Schwedischen) und auch in einigen deutschen Dialekten (wie dem Hessischen) wurden die Laute [p], [t] und [k] nicht verschoben. In der deutschen Standardsprache und in einigen Dialekten haben sie sich, je nach Position, zu [pf]/[f], [tz]/[s] und [ch] entwickelt. Vergleichen Sie einfach einmal Deutsch und Englisch und Sie werden sicher viele weitere Beispiele finden.

Man kann nun die deutschen Dialekte grob danach einteilen, ob sie die Lautverschiebung mitgemacht haben und, wenn ja, welche Laute es konkret betrifft. Die Lautverschiebung funktioniert nämlich nicht nach dem Alles-oder-nichts-Prinzip, sondern gerade in der Mitte Deutschlands haben die Dialekte die Lautverschiebung nur teilweise und ganz unterschiedlich vollzogen. In den Dialekten im Norden sind die Laute [p], [t], [k] gar nicht und im Süden vollständig verschoben. Mit Beispielwörtern und Sprachgrenzen kann man so Dialekträume einteilen. Die hessischen

Dialekte können also mit dem Status der zweiten Lautverschiebung nach außen gegen andere Dialekträume (beispielsweise Thüringisch oder Moselfränkisch) abgegrenzt werden.

Dialekteinteilung S.122

Sprachgrenzen

Im Norden verläuft die sogenannte Benrather Linie. Sprachgrenzen tragen oft Namen der Orte, durch die sie verlaufen. Nördlich der Benrather Linie sagt man *ik*, südlich und so auch in Hessen *ich* – in jeweils dialektaler Aussprache. Im Osten kann der hessische Sprachraum mit der Germersheimer Linie (*pund* vs. *(p)fund*) und der Speyerer Linie (*Appel* vs. *Apfel*) gegenüber dem Thüringischen und Ostfränkischen abgegrenzt werden. Und im Westen verläuft die Sankt Goarer Linie, auch Hunsrück-Schranke genannt. Westlich von ihr sagt man *wat*, östlich – wie in Hessen – aber *was*. Nach Süden ist die Abgrenzung schwierig, die südhessischen Dialekte gleichen denen im angrenzenden Rheinland-Pfalz sehr. Sie haben auch den gleichen Stand der zweiten Lautverschiebung, man könnte sagen, dass diese Dialekte zusammen einen Großraum bilden. Es gibt aber andere Unterschiede, die die Dialekte untereinander abgrenzen, sodass wir trotzdem klar von einem hessischen Dialektraum sprechen können.

Südhessisch S.99

Wenn Sie also das nächste Mal einen *Äppler* in netter Runde genießen, können Sie der Runde anhand des *Äpplers* direkt die zweite Lautverschiebung und die Außengrenzen der hessischen Dialekte erklären. Einen Anlass zum

Äppler-Trinken gibt es übrigens immer, wie es zwei hessische Aussprüche auf den Punkt bringen: *Willst de disch gesund erhalde, trink'n Äppelwei, 'n kalde! – Tut's dir in de Glieder reiße, trink'n Äppelwei, 'n heiße!*

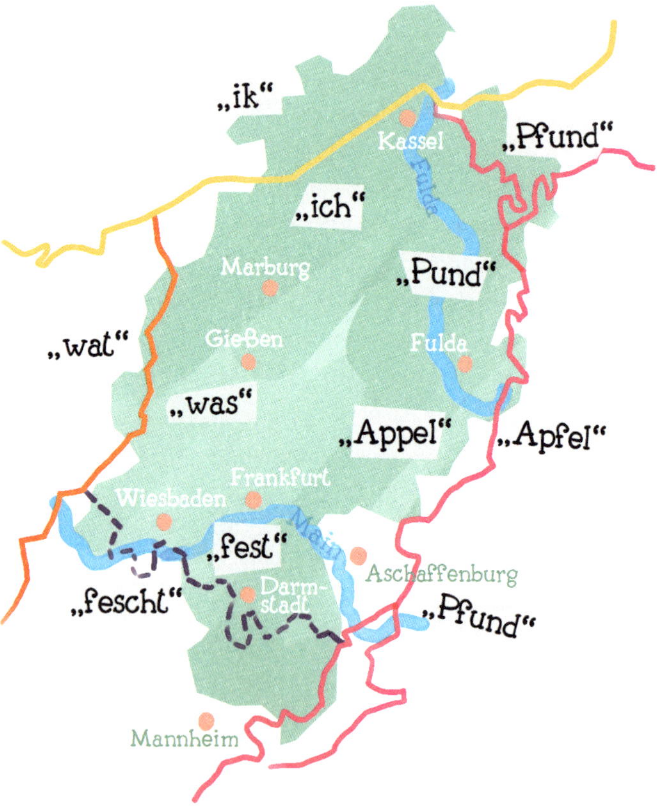

Sprachliche Grenzen

Ärm

Ein typisches Merkmal vieler deutscher Dialekte ist der Wegfall des [e] am Ende des Wortes. Das ist auch ein typisches Merkmal der hessischen Dialekte. Sie haben es sicher schon in Hessen oder beim Hessischen im Fernsehen gehört. Es heißt in den Dialekten und den Umgangssprachen *Hos* für *Hose* oder *Tasch* für *Tasche*. Das [e] am Ende des Wortes fällt in den meisten hessischen Dialekten weg – nur im nördlichen Teil des Nordhessischen wird es in den Dialekten gesprochen. In den regionalen Umgangssprachen lässt man das [e] am Ende auch oft weg.

Kall, mei Trobbe S.64 ▪ Nordhessisch S.80
Regionale Umgangssprache S.124

Ein Tach, zwei Tach

Das lautliche Phänomen des [e]-Wegfalls hat auch Auswirkungen auf die Grammatik. Im Standarddeutschen und auch Hessischen können wir unter anderem mit dem Anhängen dieses Lauts den Plural, also die Mehrzahl bilden: *der Arm* und *die Arme* oder *der Tag* und *die Tage*. Wenn jetzt das [e] am Ende wegfällt, dann klingt der Plural wie der Singular, also die Einzahl: Hessisch heißt es dann also *der Tach* und *die Tach*, wobei sich die Aussprache unterscheiden kann. Das ist an sich kein Problem, da die Artikel den Unterschied nach wie vor anzeigen, und wir kennen diese Art des Plurals auch von der Standardsprache: *das*

Fenster und *die Fenster*. Aber die Menschen aus Hessen haben sich teilweise einen kreativen Ausweg einfallen lassen. Sie bedienen sich bei manchen dieser Formen einer anderen Möglichkeit, den Plural zu bilden. Das geht nämlich auch mit dem Umlaut – wie in der Standardsprache: *der Vater – die Väter*. Viele Menschen in Hessen sagen also *der Arm* und, wenn sie von beiden Armen sprechen, nicht *die Arm*, sondern dann einfach *die Ärm*. Diese Verwendung des Umlauts zeigt sehr schön, dass Dialekte genauso (systematisch) funktionieren wie Standardsprachen, wenn auch teilweise mit anderen Regeln.

Umlaut S.125

Hessische Hemder

Neben diesen Pluralformen gibt es noch andere, die typisch hessisch sind: Manchmal wird ein Wort direkt und nicht durch einen Zusatz wie den [e]-Laut verändert. So hört man in Hessen mitunter *die/der Brill* für ›die Brille‹ und *die Brin* für ›die Brillen‹. In der Standardsprache können wir auch ein *-er* an das Ende des Wortes hängen, wenn der Plural gebildet werden soll: *das Kleid – die Kleider*. Diese Form gibt es auch im Hessischen, und zwar auch bei Wörtern, die in der Standardsprache eine andere Pluralform haben: In Hessen werden nicht *Hemden*, sondern *Hemder* gebügelt. Bei Verkleinerungsformen wie *Lämmchen* (für ein kleines Lamm) wird das *-er* für den Plural allerdings nicht ans Ende des Wortes gehängt, sondern in der Mitte eingebaut. In Hessen werden also *Lämmerchen* gestreichelt oder auch verputzt.

Zwä Stift – oder zwei Stifte S.120

Babbeln

In Hessen wird *gebabbelt.* Das hört man immer wieder, oft auch die Frage: *Babbelst* du Hessisch? Aber ganz so einfach ist es in der vielfältigen hessischen Sprachlandschaft nicht. Für ›reden‹, ›sich unterhalten‹ oder ›sprechen‹ kennt man in Hessen – je nach Region – eine Vielzahl anderer Bezeichnungen.

Hessisch = Hessisch? S. 62

Zwei Menschen am Babbeln oder schnuddeln sie?

Babbeln ist die vorherrschende Variante im Rhein-Main-Gebiet und in Südhessen, es ist auch typisch für die dortige regionale Umgangssprache. Im Gebiet des Zentralhessischen und teilweise auch in den südhessischen Dialekten wird hingegen *schwätzen* verwendet. Und dies ganz neutral, ohne einen negativen Beigeschmack, wie manchmal in der Standardsprache. Die Variante in Teilen des Ost- und Nordhessischen klingt ähnlich: *schwatzen*. Hier fehlt nur der Umlaut. Im Nordhessischen gibt es noch eine weitere Ausdrucksmöglichkeit, hier kann man auch *schnuddeln* sagen, wobei die Bedeutung eher zu ›sich unterhalten‹ tendiert.

Rhein-Main-Regiolekt S.90
Zentralhessisch S.115 ▪ Südhessisch S.99
Osthessisch S.85 ▪ Nordhessisch S.80

Sie sehen, in Hessen wird nicht nur *gebabbelt*, sondern auch *geschwätzt*, *geschwatzt* und *geschnuddelt*. Daneben kennen die Menschen in Hessen aber auch *reden*, *sprechen* und *sich unterhalten*. Diese werden dann aber jeweils im typischen Dialekt ausgesprochen, so zum Beispiel *redde*, *spre-äche* oder *onnerhal(d)e*.

Bei die Oma …

Oma

Sie haben sich nicht verlesen, in weiten Teilen Hessens heißt es tatsächlich *bei die Oma*. Das liegt nicht an fehlenden Grammatikkenntnissen, sondern hat damit zu tun, dass *bei* im Hessischen in diesen Fällen nicht nur einen Ort, sondern auch eine Zielrichtung angibt. Im Standarddeutschen drücken wir mit ›Ich bin bei der Oma‹ aus, dass wir gerade dort sind – man gibt also einen Ort an und kann danach mit *Wo?* fragen. Im Hessischen gibt es aber die Möglichkeit zu sagen, *Ich geh bei die Oma* oder als Aufforderung *Geh bei die Oma!* Hier wird kein Ort, sondern das Ziel einer Bewegung angegeben und man fragt: *Wohin?*

Bei solchen Richtungsangaben wird im Standarddeutschen häufig der Akkusativ verwendet, bei Ortsangaben aber der Dativ – man sagt also beispielsweise *Ich gehe an die Bar* (an wen oder was gehst du?), aber *Ich stehe an der Bar* (an wem oder was stehst du?). Die Verwendung von *bei* als Angabe einer Bewegung bzw. eines Ziels mag zwar merkwürdig anmuten, aber die hessische Verwendung des Akkusativs danach ist eigentlich nur folgerichtig. In Hessen kann man also sagen, dass man *bei die Oma geht* und dann *bei der Oma ist*. Das Ganze geht natürlich auch mit dem Opa: *Ich gehe bei den Opa* und *bin dann beim Opa*.

Bethmännchen

Wenn Sie zur Weihnachtszeit nach Frankfurt und Umgebung reisen, dann werden Sie sicher auf Bethmännchen stoßen. Diese zählen neben dem Frankfurter Kranz und vielen herzhaften Gebäcken sicher zu den bekanntesten Gebäckspezialitäten aus Hessen. Die kleinen Kugeln aus Marzipanteig werden mit Mandeln verziert und hauptsächlich zu Weihnachten gebacken und genossen. Benannt sind sie nach der Frankfurter Familie Bethmann. Die drei Mandeln sollen je für einen der Bethmann-Söhne stehen.

Süßes aus Hessen S.103

Interessant ist auch die Aussprache der Gebäckspezialität, denn Sie werden in Frankfurt hauptsächlich *Bethmännsche* hören, also mit einem [sch] wie in *Schule* statt einem [ch] wie in *ich*, den man auch als ich-Laut bezeichnet. Das gilt heute fast überall in Hessen südlich von Gießen (den Vogelsberg ausgenommen) und für alle Sprechweisen in diesem Raum vom Dialekt bis zu standardnahen

Sprechweisen und auch für alle ich-Laute: Es heißt dort also *isch*, *rischdisch*, *Honisch*, *lüsche* oder *Hühnsche* für ›ich‹, ›richtig‹, ›Honig‹, ›lügen‹ (eigentlich *lüche* im Dialekt) oder ›Hühnchen‹.

Gude S.52

Bethmännsche mit Mandeln

Dieses Phänomen wird sprachwissenschaftlich als *Koronalisierung* bezeichnet, weil der Laut mit dem Zungenkranz, der auch Korona genannt wird, gebildet wird und nicht wie beim ich-Laut mit dem Zungenrücken. Er ähnelt sehr stark dem [sch]-Laut der Standardsprache, oft fallen beide auch einfach zusammen und klingen dann identisch. Interessant ist, dass dieser Wandel vom [ch] zum [sch] noch gar nicht so alt ist. Erst in der Mitte des 19. Jahrhunderts entsteht der hessische [sch]-Laut in der damaligen regionalen Umgangssprache der Städte des Rhein-Main-Gebiets. Seitdem breitet er sich in doppelter Weise aus: einerseits räumlich und andererseits auf weitere Sprechweisen – er beeinflusst also sowohl die Dialekte, die diesen Laut in den entsprechenden Wörtern gar nicht kannten, als auch die standardnahen Sprechweisen. Heute ist er in nördlicher Ausbreitung fast bis nach Gießen zu hören und somit auch die vorherrschende

Variante im südlichen Zentralhessischen. Dieser [sch]-Laut hat sich inzwischen auch weiter nach Süden ausgebreitet und ist außerdem weit über das Hessische hinaus bis nach Köln und Dresden zu hören.

Zentralhessisch S.115

Wie lässt sich diese Erfolgsgeschichte erklären? Es gibt grob umrissen zwei Gründe für den Wandel vom [ch] zum [sch]: Erstens ist der [sch]-Laut etwas einfacher auszusprechen als das [ch], das es übrigens weltweit nur in sehr wenigen Sprachen gibt, und zweitens vereinfacht er das Sprachsystem. Statt zwei Laute auseinanderhalten und entscheiden zu müssen, wann welcher Laut verwendet wird, kann man einfach einen Laut in allen Positionen verwenden.

In der Sprache ist es wie sonst auch: Was das Leben leichter macht, setzt sich meist durch – oder *dursch*, wie man in Teilen Hessens sagen würde.

Braune Augen

Sicher haben einige Menschen in Hessen braune Augen. In diesem Abschnitt soll es aber nicht um die Augenfarbe gehen, sondern um die beiden [au]-Laute in *braune Augen*.

In der Standardsprache unterscheiden sich die beiden Laute nicht. Das war aber nicht immer so. Im Mittelhochdeutschen waren es zwei verschiedene Laute, die dann mit der Zeit zusammengefallen sind. Das [au] in *braun* geht auf den mittelhochdeutschen Laut û (langes [u]) zurück und das [au] in *Auge* auf mittelhochdeutsch ou (gesprochen wie das o in Englisch *alone*). Warum berichte ich Ihnen das? Die meisten Dialekte unterscheiden diese Laute heute immer noch und die hessischen Dialekte machen dies auf ganz unterschiedliche Weise.

Mittelhochdeutsch S.124

In den süd- und zentralhessischen Dialekten sagen die Menschen *brau* oder *braun* für ›braune‹ oder *Haus* für ›Haus‹. Der mittelhochdeutsche Diphthong ou hat sich allerdings verändert und wird in diesen Dialekten als langes [a] gesprochen. Es heißt hier dann *Aach* für ›Auge‹ oder *verkaafe* für ›verkaufen‹. Hierfür gibt es auch einen etwas derben Ausspruch aus dem Zentralhessischen: *Eich hare dir uffs Aach un uffs anere Aach aach!* – ›Ich haue dir aufs Auge und aufs andere Auge auch!‹. Neben dem langen [a] kommt noch hinzu, dass das [e] bei *Auge* regelhaft wegfällt und das [g] zu einem [ch]-Laut wird, weshalb *Auge* und *auch* in diesen Dialekten sehr ähnlich klingen.

Südhessisch S.99 ▪ Zentralhessisch S.115 ▪ Ärm S.17 ▪ Gude S.52

Brui Auwe und brünn Ööche

Im Osthessischen sieht es etwas anders aus. Die [au]-Laute, die den Ursprung mittelhochdeutsch ou haben, werden hier wie in der Standardsprache mit einem [au] gesprochen – es heißt dann *Auge*, *Auch* oder *Auwe* für ›Auge‹ oder *au* für ›auch‹. Bei manchen Wörtern kann sich der Diphthong verändern, sodass ›verkaufen‹ hier wie *verkeif(en)* klingt – das sind aber Ausnahmen. In den Wörtern mit [au], die auf mittelhochdeutsch û zurückgehen, sprechen die Menschen in Osthessen entweder ein [u] oder ein [ui] – sie sagen also für ›braun‹ *bru* (mit langem [u]) oder *brui* und für ›Haus‹ *Huss* (mit kurzem [u]) oder *Huis*.

Osthessisch S.85

Das Nordhessische ist ein Sonderfall, da es sich – auch hinsichtlich dieser Laute – grob in zwei Gebiete aufteilt. Das eine ähnelt eher dem Zentral- und das andere eher dem Osthessischen. So kommt es bei beiden [au]-Lauten zu mehreren Varianten. Mittelhochdeutsch û hat sich im Nordosten des Gebiets zu einem langen oder kurzen [u] oder [ü] wie in *Huse/Hüse* für ›(zu) Hause‹ oder in *brunn/brünn* für ›braun‹ entwickelt. Im Südwesten heißt es hierfür *Haus* und *braun*. In den Wörtern, die im Mittelhochdeutschen mit ou geschrieben werden, verwenden die Menschen im Norden des Nordhessischen ein [au] wie in *Auge* oder *Auche* für ›Auge‹ oder *verkaufen* für ›verkaufen‹. Im restlichen Gebiet heißt es dann *Öög* oder *Ööch* für ›Auge‹ und *verkööfe*, *verkeefe* oder *verkääfe* für ›verkaufen‹.

Nordhessisch S.80

Wie Sie gesehen haben, haben sich die beiden Laute in den hessischen Dialekten ganz unterschiedlich entwickelt. Deshalb kann man die vier großen Dialektverbände auch anhand dieser Eigenschaft – und stellvertretend anhand der Aussprache von *braune Augen* – unterscheiden. Aber damit kann man noch mehr: Auf diese Weise lässt sich auch testen, ob jemand den jeweiligen Dialekt noch beherrscht. Menschen, die den Dialekt richtig gelernt haben, wissen genau, wie die standardsprachlichen [au]-Laute beispielsweise in *braune* und *Augen* im Dialekt klingen.

Testen Sie gerne sich selbst oder auch andere – egal ob mit oder ohne braune Augen.

Büdingen

Büdingen ist eine Kleinstadt im Osten der Wetterau. Wunderschön gelegen an den Ausläufern des Vogelsbergs und nicht nur aufgrund der sehr gut erhaltenen mittelalterlichen Altstadt mit Schloss immer einen Besuch wert.

Wir wollen uns einmal die verschiedenen Aussprachen des Städtenamens anschauen, an denen man die verschiedenen Sprechweisen im mittleren und südlichen Hessen gut erkennen kann.

Ahle Worscht S. 9
Sprachwandel – Süd S. 96

Schloss Büdingen

Seit 1131 ist der Name *Büdingen* durch *die Herren zu Büdingen* belegt. Er scheint noch älter zu sein und könnte den Namen *Bodo/Budo* enthalten. Die genaue Namensherkunft ist jedoch umstritten. Im alten Dialekt der Stadt heißt es *Beuringe* – das entspricht ganz dem zentralhessischen Dialekt: Manche langen [ü] sind [oi], ein [d] zwischen zwei Vokalen kann zu einem [r] werden und ein [n] am Ende des Wortes fällt oft weg. Zwischen diesen beiden Aussprachen gibt es aber noch weitere, die entweder näher am Dialekt oder näher an der Standardsprache sind. Da sie weder dem alten Dialekt noch der Standardsprache entsprechen, lassen sie sich der regionalen Umgangssprache zuordnen. Man kann sich den sprachlichen Raum zwischen Dialekt und Standardsprache wie ein Spektrum vorstellen, an dessen unterem Ende der Dialekt und an dessen oberem Ende die Standardsprache steht. Dazwischen befindet sich die regionale Umgangssprache. Diese weist – zumindest im mittleren und südlichen Hessen – wiederum verschiedene

Abstufungen auf. Die Abstufungen sind aber nicht hart abgegrenzt, die einzelnen Sprechweisen gehen fließend ineinander über.

Zentralhessisch S.115
Machen S.74 ▪ Rhein-Main-Regiolekt S.90
Regionale Umgangssprache S.124

Beuringe und Biiidinge

Im Falle der Aussprachen von *Büdingen* sieht das wie folgt aus. *Beuringe* ist die dialektale und *Büdingen* die standardsprachliche Aussprache. Bei *Beudinge* wird zwar noch das dialektale [oi] für [ü] gesprochen, aber das [r] durch ein standardnahes [d] ersetzt. Die Aussprache *Biiidinge* ist wiederum etwas standardnäher: Hier wird das dialektale [oi] durch einen anderen Laut, das lange [i], ersetzt. Das lange [i] ist in anderen Positionen sehr typisch für die zentralhessischen Dialekte, in denen es keine Umlaute gibt. Die Menschen dort, die keinen echten Dialekt mehr beherrschen, wissen nicht, welches [ü] ein [oi] ist (wie bei *Keuh* und *Beuringe*) – sie beherrschen aber die Regel, dass es keine Umlaute gibt und dass viele [ü] als [i] gesprochen werden. So kommt es dann zur Aussprache *Biiidinge*. Ein letzter Schritt in Richtung Standardsprache ist dann, ein [ü] zu sprechen, aber das [n] am Ende des Wortes wegzulassen: *Büdinge*. Diese Aussprache verstehen wirklich alle und dennoch ist sie nicht standardsprachlich und man kann mit ihr die Aussprache etwas regional markieren bzw. in unserem Fall: der Aussprache einen leicht hessischen Klang verleihen.

Umlaut S.125

Chatten

Ein Chatte

Die Chatten gelten als das Urvolk der Hessen. Dieser germanische Volksstamm siedelte hauptsächlich zwischen Eder, Fulda und Lahn. Er wird zum ersten Mal im Jahr 6 nach Christus erwähnt und geht dann Ende des 5. Jahrhunderts im Frankenreich auf. Auch der Name *Hessen* geht sehr wahrscheinlich auf die Chatten zurück, obwohl diese Theorie nicht ganz unumstritten ist. *Chatten* oder auch die oft zu lesende Alternative *Chatti* wurde damals mit einem [ch]-Laut wie in *Bach* ausgesprochen, dieser wandelte sich zu einem [h] *(Hatti)* und das [t] hat sich durch den Prozess der zweiten Lautverschiebung zu einem [s] entwickelt, sodass daraus *Hassi* wurde. Dies ist dann gar nicht mehr weit von *Hessi* und *Hessen* entfernt. Der Name *Hessen* ist zum ersten Mal im Jahr 738 belegt und bis heute die Bezeichnung für Bundesland und Menschen in diesem Gebiet.

Äppler S.13

Ab diesem Zeitpunkt können wir auch die Sprachgeschichte des Hessischen nachverfolgen. Zuvor siedelten auch andere Völker auf heutigem hessischen Boden, davon zeugen Namen von Flüssen und Städten. Die *Eder*, die *Ohm* und der *Rhein* sind ureuropäische Namen, die *Kinzig* und die *Nidda* sowie der Bestandteil *Ursel (Oberursel)* stammen von den Kelten. Aber zurück zu den Hessen.

Schon früh lässt sich geografisch eine gewisse politische und wirtschaftliche Orientierung der einzelnen Regionen feststellen. Während sich die Menschen in Ost- und Nordhessen nach Norden und hauptsächlich Osten orientieren, richten sich die Menschen aus der Mitte und dem Süden nach Westen und nach Süden aus. Dies führt über längere Entwicklungen zur Herausbildung der Dialektverbände Nord-, Ost-, Zentral- und Südhessisch.

Nordhessisch S.80 ▪ Osthessisch S.85
Zentralhessisch S.115 ▪ Südhessisch S.99

Dialekte um 1500

Gemeinsame Sprach- oder Dialekträume entstehen also immer dann, wenn Menschen miteinander sprechen, Sprachgrenzen, wenn sie nicht miteinander sprechen. Dies kann an geografischen Grenzen wie Flüssen liegen, die verhindern, dass Menschen in Kontakt zueinander treten, aber auch an wirtschaftlichen, politischen oder religiösen Beziehungen. Um 1500 sind die wichtigsten Entwicklungen der hessischen Dialekte abgeschlossen und die heutigen

Dialektverbände schon zu erkennen. In der Folgezeit kommt es vor allem im Süden Hessens zu sprachlichen Neuerungen, die mit der Zeit weiter nach Norden vordringen. Diese Entwicklungen dauern meist aber sehr lange, der Norden und der Osten Hessens verschließen sich lange gegen diese südlichen Neuerungen, manche machen sie gar nicht mit. Das Zentralhessische steht aber spätestens seit Ende des 19. Jahrhunderts deutlich unter südlichem Einfluss. Und auch dies hat wieder mit der Kommunikation zu tun – das Rhein-Main-Gebiet entwickelt sich zum Zentrum Hessens, die Menschen aus der Umgebung handeln, arbeiten dort, reisen dorthin und reden natürlich mit den Menschen dort. Dies hat dann einen Einfluss auf ihre Sprache.

Sprachwandel – Süd S. 96
Ahle Worscht S. 9 ▪ Frankfurt S. 39

Das ist mir ... und dem sein

Besitz wird in der Standardsprache meist mit besitzanzeigenden Wörtern – sogenannten Possessivpronomen – wie in *mein Auto, deins, ihre Brille* oder dem Genitiv ausgedrückt wie in *der Hut des Vaters*. Im Hessischen ist das etwas anders. Den Genitiv gibt es so im Hessischen nicht. Er wird meist mit dem Dativ umschrieben: Es heißt also nicht ›der Hut des Vaters‹, sondern *dem Vater sein Hut,* oder nicht ›Dagmars Küche‹, sondern *der Dagmar ihre Küche.* Wenn man etwas standardnäheres Hessisch sprechen möchte, sagt man: *die Küche von der Dagmar*.

In einem Gespräch, in dem es um irgendeinen Gegenstand geht, bzw. genauer darum, wem dieser gehört, gibt es in der Standardsprache zwei Antwortmöglichkeiten, wenn man selbst den Gegenstand besitzt. Man kann sagen *Das gehört mir* oder *Das ist meins/meiner/meine*. In Hessen hat man es da einfacher: Man kann zwar auch sagen *Das gehört mir*, viel öfter hört man aber ganz einfach *Das ist mir*. Also wird hier nicht zwischen *gehören* und *sein* unterschieden und in beiden Fällen einfach der Dativ benutzt.

Sie sehen, in Hessen ist es ganz unkompliziert, und der Dativ wird vielfältig eingesetzt, um jedweden Besitz oder jedwede Zugehörigkeit auszudrücken.

Dialekt – heute

In diesem Buch erfahren Sie viel über Dialekte und gleichzeitig auch viel über sprachliche Veränderungen. Da stellen sich zu Recht auch die Fragen, wo in Hessen heute noch Dialekt gesprochen wird und wer heute noch Dialekt spricht.

Nordhessisch S. 80 ▪ Osthessisch S. 85
Südhessisch S. 99 ▪ Zentralhessisch S. 115
Sprachwandel – Nord S. 93
Sprachwandel – Süd S. 96

Diese Frage ist gar nicht so leicht zu beantworten, denn wie misst man, ob jemand noch »echten« Dialekt spricht? Es gibt Befragungen zu dem Thema, und natürlich kann man sich der Antwort über die eigene Einschätzung nähern. Doch was würden Sie sagen, wenn man Sie fragt, ob Sie noch Dialekt sprechen? Hier kommt es zu sehr unterschiedlichen Antworten, ganz unabhängig davon, ob die Personen den Dialekt noch sprechen können oder nicht. Das hängt auch davon ab, dass nicht immer klar ist, was *Dialekt* überhaupt meint. Manche, die vielleicht *'n bissche Hessisch babbeln* oder mal ein [n] oder [e] *weglasse (Ärm, mache)*, geben möglicherweise an, Dialekt zu sprechen. Wieder andere, die den alten Dialekt noch recht gut, aber nicht mehr so perfekt wie ihre Großeltern beherrschen, sagen, dass sie ihn nicht mehr (gut) sprechen. Auf diesem Weg erfahren wir zwar sehr viel, nämlich über sprachliche

Wahrnehmung, Einstellungen gegenüber Sprache und die Selbsteinschätzung der Befragten. Die eigentliche Frage lässt sich so allerdings nicht beantworten.

Ärm S.17 ▪ Machen S.74
Wahrnehmung S.111

Man muss also mit einer anderen Methode an die Sache herangehen. Üblich ist heute, Aufnahmen zu machen, bei denen die Teilnehmenden den bestmöglichen Dialekt sprechen sollen. Diese Aufnahmen kann man dann mit dem alten, tiefen Dialekt vergleichen, der dank der Dialektforschung der letzten 150 Jahre sehr gut dokumentiert ist. Auf diese Weise lässt sich eine Aussage darüber treffen, ob die Teilnehmenden wirklich noch den Dialekt beherrschen oder doch eher eine Form der regionalen Umgangssprache verwenden. Der Nachteil hierbei ist, dass man so natürlich nicht die Sprechweise von Millionen von Menschen in Hessen untersuchen kann – das wäre viel zu aufwendig.

Dialekt beherrschen und Dialekt verwenden

Das ist einer der Gründe, warum man keine ganz genaue und sichere Antwort auf die Frage geben kann, wer wo in Hessen noch Dialekt sprechen kann. Da es aber in letzter Zeit einige Untersuchungen gab, bleibe ich Ihnen eine Antwort nicht ganz schuldig. Die Antwort wird Sie nicht überraschen. In eher ländlichen Regionen Hessens finden wir auch heute noch Menschen, die den alten Dialekt – fast so, wie er vor 100 Jahren gesprochen wurde – beherrschen und auch noch verwenden. Dies ist in der Schwalm, der Rhön, dem Marburger Hinterland, dem Vogelsberg und dem Odenwald der Fall. Das schließt nicht aus, dass auch in anderen Regionen noch Dialekt gesprochen wird, doch leider gibt es dazu noch keine Studien. In den erwähnten Regionen sprechen aber nicht nur ältere Menschen den Dialekt, sondern fast alle Generationen. In einer Untersuchung zum Vogelsberg wird beispielsweise nachgewiesen, dass neben der Eltern- und Großelterngeneration auch jüngere Menschen um die 20 Jahre diesen Dialekt noch beherrschen und verwenden. Den Dialekt zu beherrschen oder ihn tatsächlich häufig zu verwenden, ist ein großer Unterschied. Manche Menschen können zwar noch Dialekt sprechen, tun dies aber im Alltag kaum mehr.

Sprachen und Dialekte sind dynamisch, sie verändern sich ebenso wie diejenigen, die sie verwenden. Dass viele Menschen keinen alten Dialekt mehr sprechen, bedeutet aber nicht, dass die Dialekte »aussterben«. Sie verändern sich, entwickeln sich weiter und gehen in neuen Formen regionalen Sprechens auf. Und Sie werden sehen, dass sich auch neue regionale Merkmale entwickeln – Regionalität ist also auch weiterhin ein fester Bestandteil der Sprache in Hessen.

Sprachwandel – Nord S. 93 ▪ Sprachwandel – Süd S. 96 ▪ Rhein-Main-Regiolekt S. 90

Ei

Wenn Sie in Hessen – hauptsächlich im südlichen und mittleren Teil – unterwegs sind, werden Sie oft *Ei* hören. Doch werden damit nicht etwa die Produkte von Hühnern bezeichnet. Diese lauten in den hessischen Dialekten unter anderem *A-jer, Aier, Ä-jer, Egger* oder auch teilweise *Eier*. *Ei* ist dagegen im Hessischen ein Ausruf- oder Empfindungswort, wie in der Standardsprache beispielsweise *ach* oder *ey*.

Tiere in Hessen S. 107

Höflich grüßende Hessin

Ei lässt sich ganz schwer übersetzen. Es gibt für dieses Wörtchen kein umfassendes Gegenstück im Standarddeutschen, sodass wir uns der Bedeutung über Beispiele nähern. Einer der typischsten hessischen Sätze überhaupt ist: *Ei Gude, wie?* Es ist die hessische Begrüßungsformel per se, mit der bereits alles gesagt ist. Mit *Gude* ist ›Guten Morgen/Tag/Abend‹ gemeint und mit dem *wie* erkundigt man sich in Hessen nach dem Wohlbefinden (= ›Wie geht es dir/Ihnen?‹). Das *Ei* hat vor allem die Aufgabe, die Begrüßung einzuleiten und macht den Satz etwas höflicher. Man könnte es in diesem Fall am ehesten mit ›hallo‹ oder ›na‹ übersetzen. Manchmal hört man bei etwas wortkargeren Menschen aus Hessen auch nur *Gude*. Generell leitet *Ei* sehr häufig Sätze ein. Das ist insbesondere bei Aufforderungen der Fall: *Ei, mach das jetzt mal! Ei, guck mal da!*

Aus ungeleeschte Eier schlubbe kaa Hinkel

Ei wird auch oft in Kombination mit *ja* verwendet: *Ei ja*. Je nach Betonung kann das dann beispielsweise Zustimmung (im Sinne von ›ei ja, klar‹) oder auch Unentschlossenheit bedeuten (im Sinne von ›ei ja, ich weiß es noch nicht‹). Sie können in Hessen *Ei* aber auch mit *nein* kombinieren, wenn Sie nicht zustimmen wollen: *Ei nee*. Es gibt noch viele weitere Möglichkeiten, *Ei* zu verwenden, aber die hier erwähnten sind die häufigsten. Denken Sie also immer daran, das hessische *Ei* ist ein ganz spezielles. Und apropos *Eier*, folgender Ausspruch bringt eine gewisse hessische Gelassenheit, die man auch bei *Ei Gude, wie?* spürt, zum Ausdruck: *Aus ungeleeschte Eier schlubbe kaa Hinkel.* – ›Aus ungelegten Eiern schlüpfen keine Hühner.‹

Frankfurt

Frankfurt ist das kulturelle und wirtschaftliche Zentrum Hessens, mit dem Flughafen ein Verkehrsknotenpunkt mit einer Bedeutung, die weit über Hessen hinausgeht, und auch historisch von besonderer Wichtigkeit. Werfen wir aber einmal einen Blick auf die Sprache in Frankfurt. Die Stadt liegt in einem Übergangsgebiet zwischen dem Zentral- und Südhessischen. Früher war Frankfurt eine zentralhessische Stadt, erst im Laufe der Zeit drang das Südhessische weiter nach Norden vor. Im Laufe der letzten Jahrhunderte nimmt die Sprache in der Großstadt eine besondere Entwicklung.

Kern- und Übergangsgebiet S.123
Zentralhessisch S.115 ▪ Südhessisch S.99
Sprachwandel – Süd S.96

Der Handel und das Börsengeschäft wachsen, die Industrialisierung beginnt, 1815 wird Frankfurt Bundeshauptstadt. Dadurch ziehen immer mehr Menschen aus der näheren Umgebung, aber auch aus weiter entfernten Regionen nach Frankfurt. Solche Situationen, in denen viel Bewegung zwischen unterschiedlichen sprachlichen Räumen stattfindet, führen häufig zu einem sprachlichen Ausgleich. Man möchte sich verstehen und spricht daher nicht im tiefsten Dialekt. Die verschiedenen (regionalen) Sprechweisen beeinflussen sich gegenseitig, und langfristig entsteht so eine neue Form des regionalen Sprechens. Früher nannte man diese Form *Halbmundart*, heute spricht man eher von einer *regionalen Umgangssprache*. Diese Form hat viele Merkmale des alten Dialekts abgelegt und wird somit von mehr Menschen verstanden als der tiefe Dialekt. Hessisch ist es trotzdem.

Skyline von Frankfurt

Prestige der Großstadt

Diese Entwicklung hat im Laufe des 19. und zu Beginn des 20. Jahrhunderts stattgefunden, was aber nicht heißt, dass zu dieser Zeit niemand mehr Dialekt in Frankfurt gesprochen hat. Frankfurt ist nur eines der Ursprungszentren dieser Sprachform, weitere sind zum Beispiel Darmstadt oder Mainz. Seit Anfang des 20. Jahrhunderts breitet sie sich immer weiter aus und entwickelt sich weiter. Heute ist diese regionale Umgangssprache, die man auch Rhein-Main-Regiolekt nennt, die Hauptsprechweise im südlichen und mittleren Hessen.

Rhein-Main-Regiolekt S.90
Sprachwandel - Süd S.96 ▪ Ahle Worscht S.9

Ihre Ausbreitung hat auch etwas mit der Bedeutung Frankfurts zu tun. Mit den regionalen Merkmalen der Großstadt wird ein gewisses Prestige verbunden, man gilt als fortschrittlich und vornehm. Das lässt sich ähnlich auch in Berlin oder München beobachten. Eines der Merkmale der regionalen Umgangssprache ist übrigens die [sch]-Aussprache von [ch].

Bethmännchen S.22

Nicht fehlen darf der Frankfurter Dichter Friedrich Stoltze: *Es is kaa Stadt uff der weite Welt, // Die so merr wie mei Frankfort gefällt.* Tauchen Sie also gerne ein – nicht nur in die Sprachgeschichte der Stadt, sondern auch beim nächsten Besuch in ihr Flair.

Gell, du hast mich gelle gern?

Kennen Sie den Hit *Gell, du hast mich gelle gern*? Wenn ja, dann kennen Sie ein Stück hessischer Kultur – hessischer Faschingskultur. Der Schlager wurde 1998 auf dem Album *Närrische Hits 2* von Margit Sponheimer veröffentlicht. 's Margitsche ist gebürtige Frankfurterin und vor allem durch ihre Auftritte in der hessischen und Mainzer Fastnacht (Fasching) bekannt – sprachlich unterscheidet sich Mainz übrigens kaum vom Rhein-Main-Gebiet.

Clown

Das Wörtchen *gell* kann auch *ge* [gä] oder *gelle* ausgesprochen werden. Es ist in vielen Dialekten in der Mitte und im Süden Deutschlands verbreitet, kann aber zugleich als typisch hessisch gelten, wahrscheinlich, weil es dort sehr oft verwendet wird. Genau dies greift Sponheimer ja auch in ihrem Lied auf und übertreibt es dann künstlerisch gekonnt und mit Witz mit der doppelten Verwendung. *Gell* wird aber nicht in ganz Hessen verwendet. Im nördlichen Hessen sagt man eher *ne*, *ja* oder *oder*. Und auch alle anderen Menschen in Hessen kennen natürlich Alternativen. Dennoch fällt es manchmal schwer, das hessische *gell* abzulegen. Aber was bedeutet es eigentlich?

Sich versichern und Reaktionen einfordern

Gell dient in einem Gespräch der (Rück-)Versicherung. Man sagt etwas zu einem Gesprächspartner und möchte von diesem eine Bestätigung oder eben Versicherung der Aussage, wie zum Beispiel: *Wir fahren am Samstag nach Gießen zur Juliane, gell?* Vielleicht ist man sich nicht sicher, ob es am Samstag oder Sonntag nach Gießen geht, um Juliane zu besuchen, weswegen man sich mit *gell* beim Gesprächspartner versichern möchte.

Gell kann aber auch eine Meinung oder eine Reaktion im Gespräch einfordern. Bei einem gemeinsamen Mittagessen fällt die Aussage: *Die Suppe vom Philipp schmeckt lecker, gell?* Hiermit drückt man selbst aus, dass einem die Suppe, die Philipp gekocht hat, schmeckt und möchte eine Meinung der anderen dazu hören – auch wenn natürlich schon eine gewisse Vorwegnahme der Meinung durch die Formulierung erfolgt ist. *Gell* dient so auch dazu, das Gespräch zu strukturieren. Mit einem abschließenden *gell* kann man signalisieren, dass der eigene Redebeitrag abgeschlossen ist und man das Wort nun an jemand anderen abgibt – bzw. man Reaktionen oder Meinungen der anderen erwartet.

Standardsprachlich würde man in allen Fällen *oder (nicht)* oder *nicht wahr* verwenden. In weiten Teilen Hessens reicht *gell* völlig aus, gell?

Goethe

Johann Wolfgang von Goethe ist sicher der bedeutendste und bekannteste deutschsprachige Dichter. Daneben war er auch Naturforscher, Politiker, Denker – und eben auch Hesse. Goethe ist am 28. August 1749 in Frankfurt am Main geboren und wuchs auch dort auf. Natürlich wissen wir nicht genau, wie der Dichtervater gesprochen hat – es gibt ja leider keine Sprachaufnahmen aus dieser Zeit. Aber wir können davon ausgehen, dass Herr von Goethe durchaus Hessisch – und zwar sehr wahrscheinlich die damals typische Frankfurter Stadtsprache – gesprochen hat. Dafür gibt es auch ein paar Hinweise in seinen Werken:

Frankfurt S. 39

Johann Wolfgang von Geede

Geede

Manche Reime aus Goethes Werk funktionieren nur auf Hessisch. So sagt Gretchen im »Faust. Der Tragödie erster Teil« im Zwinger, das Andachtsbild der Mater Dolorosa adressierend: »Ach neige, // Du Schmerzensreiche.« *Neige* und *reiche* reimen sich in der Standardsprache nicht, hessisch heißt ›neige‹ aber *neiche* – also mit einem ich-Laut. In hessischer Aussprache wird also ein Reim daraus. Heute würde man ›neige‹ und ›reiche‹ eher mit einem [sch]-Laut sprechen, diese Aussprache gab es zu Goethes Zeiten aber noch nicht. An anderer Stelle im Faust reimt Goethe: »Wie Himmelskräfte auf und nieder steigen // Und sich die goldnen Eimer reichen!« Auch hier reimen sich ›steigen‹ und ›reichen‹ nur in hessischer Aussprache: *steichen* und *reichen*. Es ist also sehr wahrscheinlich, dass Goethe Hessisch gesprochen hat, sonst hätte er diese Stellen so sicher nicht gereimt.

Bethmännchen S.22

Auch anekdotisch wird vom Dialekt Goethes berichtet. In einem Weimarer Gasthaus wurde wohl als Name eines Gastes *Geede* notiert – damals war er noch nicht so bekannt und sein Name auch nicht. Dies könnte, wenn die Geschichte denn wahr ist, einen Hinweis darauf geben, wie Goethe sich selbst ausgesprochen hat. *Geede* entspräche dem Frankfurter Dialekt, der keine Umlaute kennt ([e] statt [ö]) und die Konsonanten in der Mitte erweicht ([d] statt [t]).

Gude S.52

Mehr Licht!

Auch über Goethes letzte Worte wird spekuliert. Er soll wohl, auf dem Sterbebett liegend, »Mehr Licht!« gesagt haben. Dies könnte auf die Helligkeit im Raum bezogen und vielleicht sein letzter Wunsch nach mehr Licht gewesen sein. Geht man aber davon aus, dass Goethe auch in seiner letzten Stunde Hessisch gesprochen hat, dann hätte die Aussage eine ganz andere Bedeutung: Mit *mer licht* könnte ›man liegt‹ gemeint sein. Auf Hessisch hätte er sich zur Liegesituation im Bett geäußert, dann aber die Aussage leider nicht mehr beendet. Viele vermuten, dass er sagen wollte: *Mer licht* (›man liegt‹) *hier so schlecht*. Wir wissen es leider nicht und werden es nie erfahren. Was wir aber wissen, ist, dass der wohl größte deutsche Dichter nicht nur Hesse war, sondern auch recht Hessisch babbelte.

Babbeln S.19

Grüne Soße

Wer kennt sie nicht – die Frankfurter grüne Soße, oder auch nur grüne Soße genannt? Neben Apfelwein (Äppler), ahler Worscht und Handkäs mit Musik gehört sie sicher zu den bekanntesten kulinarischen Erzeugnissen aus Hessen. Mittlerweile ist die originale Frankfurter grüne Soße sogar ein Produkt mit geschützter geografischer Angabe (g. g. A.) der EU. Gegessen wird sie als Beilagensoße zu Fleisch, aber heute fast häufiger noch einfach nur mit Kartoffeln und hart gekochten Eiern.

Äppler S.13 ▪ Ahle Worscht S.9
Handkäs mit Musik S.54

Grie Soß mit Kartoffeln und hart gekochten Eiern

Die Frage aller Fragen lautet wohl, welche Kräuter in die Soße gehören. Es gibt nicht viel, über das in Hessen so sehr gestritten wird, wie über die Kräuter, die in die grüne Soße gehören. Fragen Sie zehn Leute, werden Sie zehn unterschiedliche Antworten bekommen. Doch traditionell sind es diese sieben Kräuter, die den besonderen Geschmack der grünen Soße ausmachen: Boretsch, Kerbel, Kresse, Petersilie, Pimpinelle, Sauerampfer und Schnittlauch. (Probieren Sie es mal aus, es schmeckt vorzüglich. Einen Rezeptvorschlag gebe ich hier lieber nicht, da es wohl fast so viele Rezepte gibt, wie Menschen, die Sie fragen.)

Pimpinelle, eines der traditionellen Kräuter in der grie Soß

Wenn Sie sich in Hessen nach dieser Spezialität erkundigen, werden Sie wohl eher selten *grüne Soße* in standardsprachlicher Aussprache zu hören bekommen. Die Frankfurter Variante, die übrigens auch namentlich geschützt ist, lautet *grie Soß*. Das entspricht dem südhessischen Dialekt bzw. der Frankfurter Stadtsprache, die beide keine Umlaute kennen. So wird aus dem langen [ü] ein langes [i]. Auch der Wegfall von Lauten am Ende des Wortes ist für fast alle hessischen Dialekte üblich. Die beiden schwachen [e]-Laute bei *grüne* und *Soße* werden also nicht ausgesprochen und das [n] bei *grüne*, das ans Ende rückt, fällt dann auch gleich noch weg. Und so finden Sie in der *grie Soß* nicht nur ein typisches Gericht dieser Region, sondern auch die für den Dialekt typische Aussprache vereint.

Südhessisch S.99
Frankfurt S.39 ▪ Ärm S.17

Ganz so einfach ist es allerdings nicht: Wenn Sie von Frankfurt aus ein Stückchen weiter nach Norden gehen – in die Wetterau und an den Vogelsberg –, klingt die Aussprache anders. Dort sprechen manche Leute noch zentralhessische Dialekte. Einige lange [ü] entsprechen dort einem [oi] und manche langen [o] einem langen [u], sodass die Spezialität dort, wenn auch heute selten *greu Suß* heißt. Mit etwas Glück können Sie diese Aussprache noch auf einem Frankfurter Wochenmarkt hören, auf dem Waren aus der Wetterau verkauft werden.

Zentralhessisch S.115 ▪ Kühe S.69
Umlaut S.125 ▪ Dialekt - heute S.34

Krie Soß

Es gibt noch eine weitere Möglichkeit der Aussprache, die man heute vor allem bei Menschen aus Hessen hört, die keinen Dialekt mehr, sondern die regionale Umgangssprache sprechen.

Einige Menschen aus Hessen sprechen die Farbe Grün nicht mit einem weichen [g] aus, sondern mit einem harten [k] –

sie sagen also *Krün* wie in *Krüge*. Dies ist nicht nur bei dieser Farbe so, sondern beispielsweise auch in *Grau* (> *Krau*) und auch *Blau* wird nicht weich mit [b], sondern hart mit [p] gesprochen.

Der Knackpunkt ist die Kombination aus einem weichen Laut wie [b], [g] oder auch [d] und den Lauten [r] oder [l], manchmal auch [n] oder [m]. Treffen diese Laute aufeinander, wird der erste Laut hart *(stimmlos)* ausgesprochen, deswegen spricht man auch von einer *Verhärtung*. So lauten bei einigen Menschen aus Hessen *klauben* und *glauben* identisch und auch die schwedische Umweltaktivistin *Greta* (Thunberg) klingt bei ihnen wie die griechische Urlaubsinsel *Kreta*. Diejenigen, die dies so aussprechen, hören oft auch keine Unterschiede zwischen den zwei

Blau oder Plau?

Aussprachevarianten. Dadurch ist diese Sprachgewohnheit für sie auch sehr schwer abzulegen. Andere wiederum, die nicht *trei* (›drei‹) und *Knu* (›afrikanisches Huftier‹) sagen, hören die Unterschiede sehr deutlich.

Jetzt stellt sich die Frage: Warum machen das einige Menschen aus Hessen heute? Übrigens ist diese Verhärtung nicht nur in Hessen, sondern auch vom Saarland bis nach Sachsen verbreitet. Es gibt einen Ansatz, der erklärt, warum das gar nicht so unclever ist, was da gemacht wird. Sprechen Sie einmal laut für sich die Wörter (der) *Rat* und (das) *Rad* und achten Sie dabei auf die Aussprache des letzten Lautes. Sie werden merken, dass Sie in beiden Fällen einen harten Laut [t] sprechen, wie Sie auch bei *Weg* ein [k] am Ende oder bei *Staub* ein [p] sprechen. Das ist eines der Hauptkennzeichen der deutschen Sprache – es heißt *Auslautverhärtung* und besagt, dass am Ende des Wortes nur harte Laute gesprochen werden, egal wie das Wort geschrieben oder in anderen Formen ausgesprochen wird. Bei *Räder* und *Wege* sprechen Sie die Laute, da sie nicht am Ende stehen, nämlich weich als [d] bzw. [g] aus. Die harten Laute markieren also, dass ein Wort zu Ende ist, und liefern Ihnen als Hörende dadurch die Informationen einer Aussage portionsweise. Diese Eigenschaft der Aussprache sorgt aber auch dafür, dass die deutsche Sprache im Ausland oft als hart und abgehackt wahrgenommen wird. Während Sprachen wie Italienisch oder Spanisch flüssiger klingen und auch leichter auszusprechen sind, liegt der Vorteil des Deutschen auf der Seite der Hörenden: Die harten Laute helfen beim Zerlegen des Gehörten in einzelne Worteinheiten.

Zurück zum Hessischen: Hier wird nicht nur das Ende des Wortes markiert, sondern auch der Anfang – die Aussprache *plau* oder *krün* signalisiert, dass ein neues Wort anfängt, und unterstützt somit die Portionierung der Information. Dieser Ansatz kann zwar noch nicht alles erklären, die aktuelle Forschung ist den stimmlosen Wortanfängen aber auf der Spur.

Gude

Ei Gude, wie? ist die hessische Begrüßungsformel per se. Mit *Gude* ist hier ›Guten Morgen/Tag/Abend‹ gemeint. Es kommt also von *guten* und führt uns zu weiteren typischen Merkmalen der hessischen Dialekte. Das [n] am Ende von Wörtern wird häufig weggelassen. Auffallend ist auch das [d] anstelle des [t] im Wortinneren, was ganz typisch für viele Dialekte ist. Man spricht hier von einer *Konsonantenschwächung*, weil aus harten *(stimmlosen)* Konsonanten wie [t] weiche *(stimmhafte)* Konsonanten wie [d] werden. Dies passiert vor allem in der Mitte des Wortes zwischen Vokalen. So werden Sie in Hessen *Subbe* (›Suppe‹) essen, Kuchen im *Owe* (›Ofen‹) *bagge* (›backen‹) oder einfach bei der *Mudder* (›Mutter‹) essen. Bei manchen Lauten kann man diese Schwächung aber auch am Anfang des Wortes vor einem Vokal hören, vor allem bei [t]: So heißt es in vielen hessischen Dialekten *Dier* für ›Tier‹ oder *Daaach* für ›Tag‹. Bei der grünen Soße kann man sehen, dass es in manchen Fällen auch zu einem genau gegenteiligen Prozess kommen kann und weiche Laute hart werden wie in *krün* für ›grün‹. Beide Prozesse kommen sich nicht in die Quere, da sie unterschiedliche Umgebungen im Wort betreffen.

Machen S.74
Grüne Soße S.47 ▪ Ei S.37

Gude Daaach

Das Wort »Tag« führt uns zu einer weiteren typischen Eigenschaft hessischer Dialekte. Das g, das standardsprachlich als [k] oder [g] ausgesprochen wird, wird nämlich sehr oft am Ende des Wortes oder auch in der Mitte zwischen Vokalen als [ch]-Laut (je nach Umgebung als ich- oder ach-Laut), mitunter auch als [j] ausgesprochen. Früh am *Daaach* (›Tag‹) ist in Hessen der *Morje* (›Morgen‹), und bei einem Besuch bekommt man vielleicht den ein oder anderen *Berch* (›Berg‹) *gezeicht* (›gezeigt‹). Die ich-Laute werden heute auch oft als [sch] ausgesprochen. In manchen Fällen wird auch der [b]-Laut verändert, der dann wie [w] ausgesprochen wird: So werden ›aber‹ *awer*, ›über‹ *iwer/üwer* oder ›Arbeit‹ auch *Erwet* oder *Awweit* ausgesprochen.

Bethmännchen S.22

Denken Sie einfach immer an *Gude* und an *Daaach* und sie können sich diese typischen Eigenschaften der hessischen Sprache gut merken.

Handkäs mit Musik

Eine weitere kulinarische Spezialität aus Hessen ist *Handkäs mit Musik*. Diese ist vielleicht deutschlandweit weniger bekannt als die Frankfurter grüne Soße, aber nicht weniger lecker. Hierfür wird reifer Handkäse, der dem Harzer Käse ähnelt, klein geschnitten und zusammen mit Zwiebeln, Kümmel, Essig, Öl sowie Salz und Pfeffer eingelegt. Dazu wird Äppler aus einem Bembel – dem typischen Apfelweinkrug – getrunken und ein Butterbrot gegessen; mehr hessisches Klischee geht kaum. Vielleicht können Sie sich nach der kurzen Beschreibung des Gerichts denken, warum es Handkäs *mit Musik* heißt. Die entsteht erst nach dem Verzehr und ist eine nette Umschreibung der körperlichen Folgen des Zwiebelkonsums.

Grüne Soße S.47 ▪ Äppler S.13 ▪ Kulinarisches S.71
Hessisch = Hessisch? S.62

Namensgebende Zutat: die Zwibbel

In der traditionellen Bezeichnung des Gerichts heißt es nicht Handkäse, sondern *Handkäs* – der Wegfall von Lauten ist typisch für die meisten hessischen Dialekte und Umgangssprachen. Das ist hier allerdings nicht das Besondere: Auffällig ist, dass die meisten Menschen aus Hessen eine andere Betonung beim Wort *Musik* haben, als man das aus anderen Teilen Deutschlands vielleicht gewohnt ist. Die standardsprachliche Betonung liegt bei Musik auf der zweiten Silbe *Muu-siiik* – die hessische Aussprache betont aber die erste Silbe und spricht die zweite kurz aus, also in etwa *Mu-sik* mit ganz kurzem [i]. Diese Betonung ist vor allem typisch für den Rhein-Main-Regiolekt und der *Handkäs mit Musik* wird häufig als typisches Beispiel dafür genannt. Während diese Aussprache von *Musik* auch in anderen Regionen zu hören ist, weil sie teilweise allgemein als umgangssprachlich gilt, gibt es im Rhein-Main-Regiolekt auch andere Wörter, die diesen Betonungswechsel mitmachen. So bestehen für die Menschen aus diesem Teil Hessens Pakete aus *Ka-dong* – mit Betonung auf der ersten Silbe und einer kurzen Aussprache beider Silben. Auch arbeiten viele Menschen in Hessen nicht im *Büü-ro*, sondern im *Bü-rro* – wieder mit Betonung der ersten und kurzer Aussprache der zweiten Silbe. Das [ü] wird dann auch meist kurz gesprochen und oft sogar durch ein kurzes [i] ersetzt, wie es typisch für die Region ist.

Ärm S.17 ▪ Rhein-Main-Regiolekt S.90 ▪ Umlaut S.125

Ka-dong aus dem Bü-rro

Aber wie kommt es denn nun, dass die Menschen in Hessen den *Ka-dong* aus dem *Bü-rro* mitnehmen und *Mu-sik* hören? Eine Gemeinsamkeit aller betroffenen Wörter ist, dass sie aus anderen Sprachen übernommen wurden. Auch wenn uns das heute nicht mehr auffällt, stammen diese Wörter aus dem Griechischen und Französischen. Wenn wir Wörter entlehnen, dann übernehmen wir im Deutschen aber meist nicht nur das Wort selbst, sondern auch seine Aussprache und Betonung. Die Menschen aus Hessen haben hier die Betonung aber an das deutsche Muster angepasst. Diese Entwicklung, dass ursprünglich entlehnte Wörter des Typs *Musik* auf der ersten Silbe betont werden, lässt sich auch in der Standardsprache beobachten. Bei *Musik*, *Physik* und *Politik* wird zwar noch das *ik* betont (das [i] kann dabei kurz oder lang sein), aber bei Gedichten wird zum Beispiel in *Ly-rik* schon die erste Silbe betont.

Handkäs mit Musik und Brot

Diese Betonung mancher entlehnten Wörter, die von der standardnahen Aussprache des Deutschen abweicht, gehört auf jeden Fall zu den Kennzeichen der regionalen

Umgangssprache im südlichen und mittleren Hessen. Bestellen Sie doch im nächsten Urlaub in der Region einfach mal *Handkäs mit Musik* und lassen Sie sich von Klang und Geschmack verführen.

Hannebambel und Genossen

Oft wird gesagt, dass sich Schimpfwörter oder Flüche im Dialekt nicht so schlimm und hart anhören wie in der Standardsprache. Und irgendwie stimmt das auch. Das liegt unter anderem daran, dass eine Übersetzung in die Standardsprache nicht immer ganz leichtfällt. Wenn nicht klar ist, was genau gemeint ist, ist auch nicht klar, wie böse es gemeint sein kann.

»Bleed Nuss!«

Ich möchte Ihnen eine kleine Auswahl aus dem sehr umfangreichen Schatz der hessischen Schimpfwörter präsentieren. Bei allen gilt, dass man sie mit einem Augenzwinkern auch abmildern und ihnen eine ironische Note verleihen kann – Vorsicht ist beim Gebrauch dennoch geboten.

Wenn Sie im Hessischen eine ungeschickte Person benennen wollen, dann können Sie zu ihr *Dabbes* oder vor allem im Süden auch *Urumbel* sagen. Eine einfältige Person wird im Hessischen als *Simbl* bezeichnet. *Hannebambel*, auch manchmal *Hahnebambel*, ist zwar ein typisches hessisches Schimpfwort, doch ist hier die genaue Bedeutung nicht ganz klar. Sie reicht von ›Dummkopf‹ über eine leicht zu beeinflussende, willensschwache Person bis zu ›Angsthase‹. *Idsche* kennt man vor allem im nordhessischen Raum, es kommt von ›Eidechse‹ und wird ganz allgemein zum Necken verwendet. Ähnlich wie der *Hannebambel* ist auch der *Labbeduddel* typisch hessisch. Man bezeichnet damit eine langweilige Person oder auch – und dann meist nur für Männer – einen schlaffen Typen oder einen Weichling. Was als leichte Beleidigung immer geht, ist *bleed Nuss* – die ›blöde Nuss‹, die auf hessisch meiner Meinung nach tatsächlich nicht so böse klingt und auch nicht so böse gemeint ist wie in der Standardsprache.

Heißes Eis

Drei Bällchen

Heißes Eis klingt nach einem Widerspruch in sich selbst und Sie können sich vielleicht schon denken, dass es hier auch nicht um Eis mit hoher Temperatur geht, sondern lediglich um die Aussprache dieser Wörter. Wir haben hier einen ähnlichen Fall wie bei *braune Augen*. Denn auch die beiden [ei]-Laute in *heiß* und *Eis* haben einen unterschiedlichen Ursprung und werden in den hessischen Dialekten anders ausgesprochen. Die Wörter mit [ei], die wie ›heiß‹ schon im Mittelhochdeutschen ein ei hatten, werden in den süd- und zentralhessischen Dialekten mit einem langen [a] – manchmal auch [ä] – gesprochen. Es heißt hier dann beispielsweise *haaß* oder *häß* für ›heiß‹. Die Wörter mit [ei], deren Ursprung ein mittelhochdeutsches langes [i] ist wie in *Îs*, werden in diesen Dialekten wie in der Standardsprache mit [ei] ausgesprochen, ›Eis‹ bleibt also *Eis*.

Braune Augen S. 24

Im Osthessischen sieht es etwas anders aus. Dort heißt es *Iiis* für ›Eis‹. Die anderen [ei]-Laute (von mittelhochdeutsch ei) werden aber ähnlich wie in der Standardsprache ausgesprochen, ›heiß‹ bleibt also *heiß*. Die Menschen aus dem nordöstlichen Gebiet des Nordhessischen verwenden für die [ei]-Laute der Standardsprache, die auf mittelhochdeutsch î zurückgehen, ein [i] – sie sagen *Iis* mit langem [i] für ›Eis‹. Im südwestlichen Teil heißt es dafür aber *Eis* – manchmal hört sich dabei das [ei] wie der Laut in *hey* an. Dies gilt übrigens für alle Dialekte. Für ›heiß‹ wiederum sagen sie *heeß* oder *hääß*, am nördlichen Rand des Gebiets auch *heiß*.

Bei *heißes Eis* liegt der gleiche Fall vor wie bei *braune Augen* und so können Sie mit diesen beiden Wörtern sowohl die hessischen Dialektverbände unterscheiden als auch die Dialektkompetenz der Menschen testen.

Hessen

Wir wollen uns in diesem Abschnitt nicht mit dem Bundesland beschäftigen, sondern klären, wie die Menschen in Hessen ihr Bundesland aussprechen. Hier gibt es nämlich neben dialektalen Varianten auch eine neue Form der Aussprache, die oft in der regionalen Umgangssprache verwendet wird – also auch dann, wenn Menschen aus Hessen mit Ihnen Hochdeutsch sprechen (wollen).

Geht es um das Bundesland, werden Sie viele Personen hören, die kein »scharfes« oder hartes [s] sprechen, sondern ein weiches [s] wie bei *Hase* oder *Hose*. In den hessischen Umgangssprachen betrifft es alle harten [s]-Laute in der Mitte von Wörtern, die in der Schrift gut an ss oder ß zu erkennen sind: In *Flüsse* und *Interesse* oder *anstoßen* und *beißen* wird im Hessischen stets ein weiches [s] wie in *Hose* gesprochen. Man kann dieses Merkmal auch als s-Erweichung bezeichnen – es betrifft tatsächlich fast nur den harten [s]-Laut. Es ist also das Gegenteil der Verhärtung. Bei dem hessischen Nationalgericht lassen sich beide Merkmale in Kombination beobachten: in *grüne* haben wir die Verhärtung zu *krüne* und in *Soße* die Erweichung des [s] zu *Sose*.

Gude S. 52
Grüne Soße S. 47

Freundlich für die Ohren

Wir haben schon festgestellt, dass die Menschen aus Hessen sehr freundlich für die Hörerschaft sprechen und die Wortränder, also den Anfang und das Ende von Wörtern, markieren, indem hier Verhärtungen stattfinden. Diese Markierung der Ränder wird umso deutlicher, wenn sie im Kontrast mit der Mitte des Wortes steht. Daher werden hier fast immer weiche Laute gesprochen. Das weiche [s] in *He[s]en* signalisiert also: Hier ist die Mitte und das erleichtert das Verstehen.

Grüne Soße S. 47

Hessen und seine *grüne Soße* sind somit nicht nur typisch »hessisch«, sondern auch wunderbare Beispiele für die hessische Sprache. Wir sehen daran auch, dass sprachliche Veränderungen oft ganz systematisch in Kombination auftreten und so im Falle des Hessischen das Verstehen für die Zuhörenden erleichtern. Ob Ihnen dieser Klang gefällt, ist natürlich eine ganz andere Frage.

Hessisch = Hessisch?

Hessisch ist nicht gleich Hessisch. Eine grundlegende Unterscheidung ist zunächst die zwischen dem Sprachraum Hessisch und dem Bundesland Hessen. Letzteres wurde in seiner jetzigen Form erst 1949 gegründet. Die hessischen Dialekte sind aber viel, viel älter, wie Sie im Abschnitt zu den Chatten erfahren. So ist es nicht verwunderlich, dass die sprachlichen und die politischen Grenzen nicht ganz übereinstimmen. Im heutigen Bundesland werden verschiedene Dialekte gesprochen – und zwar auch nicht hessische Dialekte. Im äußersten Norden – in den Landkreisen Waldeck-Frankenberg und Kassel – sprechen einige Menschen noch Ost- und Westfälisch. Das sind nieder- oder plattdeutsche Dialekte. Sie sind mit den Dialekten der Ost- und Nordseeküste verwandt und nicht mit den hessischen. Im Werra-Meißner-Kreis gibt es zudem ein kleines Gebiet, das zum Thüringischen gezählt wird.

Chatten S.30
Äppler S.13

Vielfältiger Sprachraum

Die hessischen Dialekträume gehen andererseits über die Grenzen des Bundeslandes hinaus: Teile Thüringens werden zum osthessischen Sprachgebiet gezählt und ein kleiner Teil Bayerns kann dem südhessischen Dialektgebiet zugeordnet werden. Die südhessischen Dialekte gehen außerdem – ohne harte Grenzen – in die Dialekte in Rheinland-Pfalz über.

Südhessisch S. 99

Es gibt im Bundesland Hessen aber nicht nur viele verschiedene Dialekte, die dort gesprochenen hessischen Dialekte sind auch sehr vielfältig. In keiner anderen Gegend in Deutschland werden auf so kleinem Raum so viele Dialekträume unterschieden. Die hessischen Dialekte sind zwar miteinander verwandt, aber so unterschiedlich, dass sie in vier Gruppen eingeteilt werden können. Der hessische Sprachraum – also das Gebiet der vier hessischen Dialekträume und nicht das Bundesland – gilt daher auch als der komplexteste Sprachraum in Deutschland.

Dialekteinteilung S. 122 ▪ Kühe S. 69

Kall, mei Trobbe

Kall, mei Trobbe – ›Karl, meine Tropfen‹. Vielleicht haben Sie diesen Ausspruch schon einmal im Original oder als Zitat gehört. Er stammt von Mama Hesselbach und kann als einer der bekanntesten hessischen Aussprüche gelten. Die Serie »Firma Hesselbach« (Staffel 1) mit den Fortführungen »Familie Hesselbach« (Staffel 2) und »Herr Hesselbach und …« (Staffel 3) wurde vom Hessischen Rundfunk (hr) produziert und von 1960 bis 1967 erstausgestrahlt. Sie war so erfolgreich (Einschaltquoten von bis zu 94 %), dass sie seitdem immer wieder gezeigt wird. Typisch für die Serie ist unter anderem die hessische Sprechweise. Diese entspricht aber keinem »tiefen« hessischen Dialekt. Die Serie wurde und wird ja deutschlandweit ausgestrahlt. Es handelt sich um eine moderate hessische Sprechweise, die man als Medienhessisch beschreiben kann. Sie erfüllt den perfekten Kompromiss: Sie ist noch verständlich für alle, aber hessisch genug, um eben als hessisch wahrgenommen zu werden.

Liesel Christ als Mama Hesselbach

Typische Merkmale des Medienhessischen sind zum Beispiel die Verwendung von Kurzvokalen wie in *Buch* mit kurzem [u] oder das Weglassen von [e] und [n] am Ende von Wörtern wie in *Witz erzähle* für ›Witze erzählen‹ oder die weichen Laute wie in *wadde* für ›warten‹ oder *Babba* für ›Papa‹ oder auch [ch] für [g] wie in *sache* für ›sagen‹ und das [sch] für [ch] wie in *Küsch* für ›Küche‹. Diese Merkmale entsprechen der regionalen Umgangssprache des Rhein-Main-Gebiets. Das führt auch dazu, dass viele Menschen, die nicht aus Hessen kommen, aber das Medienhessisch aus dem Fernsehen kennen, diese Sprechweise als typisch hessisch wahrnehmen. Es wird in der Wissenschaft zwischen Medienhessisch und der regionalen Umgangssprache des Rhein-Main-Gebiets unterschieden. Denn bei Medienhessisch handelt es sich immer um einen bewussten Einsatz von regionalen Merkmalen, und das ist etwas anderes als eine alltägliche Verwendung, auch wenn sich die Merkmale ähneln.

Wiesbaden S. 113 ▪ Ärm S. 17
Machen S. 74 ▪ Gude S. 52 ▪ Bethmännchen S. 22
Rhein-Main-Regiolekt S. 90 ▪ Wahrnehmung S. 111

Badesalz, Bodo Bach, Johannes Scherer und Co.

Die Serie der Hesselbachs kann als Grundstein des Medienhessischen gelten. Bekannt blieb es danach vor allem dank der Sendung *Zum Blauen Bock* mit Heinz Schenk und Lia Wöhr. Einige Schauspielerinnen und Schauspieler haben darüber hinaus bei ihren Auftritten ihren hessischen Klang beibehalten, wie beispielsweise Günther Strack. In letzter Zeit sind es vor allem Comedians, die im Fernsehen und im Radio Medienhessisch verwenden. Denken Sie nur an Badesalz, Bodo Bach, Johannes Scherer oder Martin Schneider.

Die Verwendung des Medienhessischen führte sogar schon zu Protesten. In einer hr/ARD-Produktion aus den 1970er-Jahren *(Der Winter, der ein Sommer war)*, die unter anderem in Nordhessen spielt, wurde das beschriebene Medienhessisch verwendet. Da das aber nichts mit den echten Sprechweisen im Norden Hessens zu tun hat, kann man verstehen, dass die Menschen dort verärgert über die falsche Darstellung ihres Dialekts waren.

Nordhessisch S. 80

Ich kann Ihnen – neben den neueren humoristischen Beiträgen der Comedians – die Serie der Hesselbachs nur ans Herz legen. Neben dem Wohlklang des (Medien-)Hessischen hat sie einen einmaligen Witz und Charme, der auch heute noch zum Schmunzeln und Lachen einlädt. Damit Sie einen kleinen Eindruck gewinnen, hier noch eines meiner Lieblingszitate von Papa Hesselbach: »Ja, bei uns herrscht weiterhin das autoritäre Prinzip. Der Babba befiehlt und dann wird's so gemacht, wie die Mama will.«

Küche

Hessische Gerichte wie grüne Soße und Handkäs mit Musik führen uns in die hessische Küche. Hier finden Sie viele *Dippe, Düppe* oder *Dippche*, die man mit [b] in der Mitte ausspricht. Das sind keine Soßen, in die man etwas hineintunkt – also modern dippt. Es handelt sich hierbei um ›(Koch-)Töpfe‹. Die Variante wird hauptsächlich im Frankfurter Raum gebraucht, aber auch in der Mitte und im Nordosten Hessens. Sowohl *Topf* als auch *Dippen* gehen wohl auf ein gemeinsames Ursprungswort *dop* zurück. Vielleicht kennen Sie auch die *Dippemess* – das größte und älteste Volksfest in Frankfurt. Im Mittelalter war dies eine Verkaufsmesse für Haushaltswaren. Es wurden auch Töpfe (= *Dippe*) verkauft und so feiert man heute noch zweimal im Jahr in Frankfurt die *Dippemess*. Neben den *Dippe* gibt es in der Mitte und im Süden Hessens auch noch den Ausdruck *Groppe* und ganz im Süden *Hawwe* für den ›Topf‹ bzw. genauer den ›Kochtopf‹.

Grüne Soße S. 47 ▪ Handkäs mit Musik S. 54
Frankfurt S. 39

Kneipchen

Ein wichtiges Utensil der hessischen Küchen ist das *Kneipchen* (oft auch *Kneipsche*). Das hat nichts mit kleinen Kneipen zu tun, sondern ist die Bezeichnung für ein kleines Küchenmesser, die in fast ganz Hessen gebräuchlich ist.

Ich kenne bis heute keine gute Alternative in der Standardsprache – man muss es immer umschreiben, wie beispielsweise ›kleines Küchenmesser‹. Deswegen habe ich dieses hessische Wort auch schon erfolgreich in meinem nicht hessischen Freundeskreis eingeführt. Verwandt ist *Kneipchen* übrigens mit dem englischen *knife* (›Messer‹). Beide Wörter gehen auf ein ganz altes germanisches Wort für Messer zurück und haben sich im Englischen und Hessischen (und auch weiteren Sprachen und Dialekten) erhalten. Ebenso erhalten geblieben ist in Hessen das *Koppche*, *Keppche* oder *Köppche*. Damit ist die ›Tasse‹ oder, genauer gesagt, die ›Obertasse‹ gemeint. Die Bezeichnungen gehen auf das lateinische Wort *cuppa* für ›Trinkgefäß, Becher‹ zurück. Und auch hier sehen wir eine Verwandtschaft zum englischen *cup* oder auch zum schwedischen *kopp*.

Kneipchen

Dippe kennen die meisten jungen Menschen aus Hessen wohl nur noch in Bezug auf die *Dippemess*, *Koppche* wahrscheinlich überhaupt kaum noch. Aber das *Kneipchen* kennen viele. Diese Bezeichnung geht nicht verloren, da es eben keine gute Übersetzung in der Standardsprache gibt. Von daher kann ich Ihnen die Aufnahme des *Kneipchens* in Ihren Wortschatz nur empfehlen.

Kühe

Für seine Kühe ist Hessen nicht unbedingt bekannt, auch gibt es wohl keine Kuh, die eine außergewöhnliche Bedeutung erlangte. Das Besondere an *Kühe* ist, dass sich die Aussprache dieses Worts in den vier hessischen Dialekten stark voneinander unterscheidet. Im Nordhessischen sagt man *Kiwwe*. Dies ist die Hauptvariante in diesem Dialektgebiet – natürlich gibt es daneben in einzelnen nordhessischen Dialekten noch weitere Formen wie *Küwwe* oder *Kieh*. Bei *Kiwwe* sehen wir einerseits, dass kein Umlaut gesprochen wird, [i] statt [ü], und dieses [i] auch kurz ist.

Zwei Kieh, Keuh, Kiwwe oder Köh

Andererseits, und das ist eine Besonderheit, steht ein [w] zwischen den beiden Vokalen. Das wird eingefügt, damit die beiden Vokale besser auseinandergehalten werden können. Dieses Phänomen kennt man vorwiegend aus norddeutschen Dialekten. Dass wir es auch im Nordhessischen finden, zeigt deutlich seine Nähe zu ihnen. Im Osthessischen lautet die Hauptform für ›Kühe‹ *Köh* – mitunter auch ohne Umlaut *Keh*. Wie in fast allen hessischen Dialekten fällt das [e] am Ende weg. Der Vokal ist im Osthessischen etwas offener als in der Standardsprache ([ö] statt [ü]) und in manchen Teilen des Gebiets gibt es auch keinen Umlaut [e].

Nordhessisch S.80
Osthessisch S.85 ▪ Ärm S.17

Im Zentralhessischen spricht man bei Kühen von *Keuh*, bitte nicht mit den japanischen Zierkarpfen verwechseln. Die Form ist typisch zentralhessisch. Hier entsprechen manche langen [ü] einem [oi] – man kann also in diesem Gebiet nach dem Melken der *Keuh* auch *meud* (›müde‹) werden. Auch hier fällt das [e] am Ende weg. Die südhessische Aussprache der Tiere ist *Kieh*. Diese Form ist der standardsprachlichen Variante am ähnlichsten. Hier wird ebenfalls das [e] nicht gesprochen und, da die südhessischen Dialekte keinen Umlaut kennen, wird das [ü] zum [i].

Zentralhessisch S.115 ▪ Südhessisch S.99

Sie sehen: Auch die hessische Kuh macht *Muh*, aber die Bezeichnungen für die Tiere unterscheiden sich sehr voneinander: *Kieh, Keuh, Kiwwe, Köh*. Dennoch lässt sich eine Grundverwandtschaft der Formen erkennen. *Kühe* ist also ein wunderschönes Beispiel für die hessische Dialektvielfalt.

Kulinarisches

Wir haben schon eine kleine Reise durch das kulinarische Hessen gemacht und ahle Worscht, Äppler, Bethmännchen, grüne Soße und Handkäs mit Musik kennengelernt. Da lohnt sich doch ein weiterer Blick mit unserer sprachlichen Brille auf die Kulinarik in Hessen.

Ahle Worscht S.9 ▪ Äppler S.13 ▪ Bethmännchen S.22
Grüne Soße S.47 ▪ Handkäs mit Musik S.54

Wenn Italien nach Goethe das Land ist, wo die Zitronen blühen, dann ist Hessen das Land, wo man Eis in *Bällchen* bestellt. Zwar werden Sie auch in hessischen Eisdielen Schilder mit der Preisangabe für *Kugeln* sehen, Sie werden aber in weiten Teilen Hessens fast ausschließlich die Mengenangabe *Bällchen* oder *Bällsche* hören.

Das bekannteste hessische Getränk ist der Apfelwein – der Äppler. Dieser wird ausgeschenkt aus einem *Bembel*. Das ist ein Tonkrug, den es in verschiedenen Größen und Farben gibt. Meist sind sie aber hellblau. Eingegossen wird der Äppler – manchmal auch *Stöffsche* genannt – in das *Gerippte*. Das ist das typische Apfelweinglas. Es wird so genannt, weil es außen ein Rautenmuster aufweist. Auf Hessisch wird der *Äppler* übrigens auch nicht getrunken, sondern *gepetzt*. Das Verb *petzen* bedeutet neben ›trinken‹ wie in der Standardsprache ›verraten‹ (›verpetzen‹) und auch wiederum typisch hessisch ›kneifen‹.

Äppler S.13

Bembel

Gemois

Nach *Eis* und *Äppler* soll es nun noch kurz um einen gesunden Teil der Kulinarik gehen, denn auch beim Gemüse – zentralhessisch *Gemois* – gibt es einige spannende hessische Bezeichnungen. Neben der regionalen Aussprache der ›Karotte‹ *Karodde* wird dieses Gemüse in den hessischen Dialekten meist als *gelbe Rübe* bezeichnet. Das erscheint optisch und botanisch einleuchtend und kommt auch in anderen Regionen Deutschlands vor. Je nach Dialekt hört sich das dann aber etwas anders an: Im Südhessischen heißt es zum Beispiel (im Plural) *gelwe Riewe* und im

Zentralhessischen *geele Roiwe*. Im Nordhessischen gibt es noch die Variante *gähle Worzele* ›gelbe Wurzeln‹. Die Bezeichnung *Wurzeln* für ›Karotten‹ kommt auch ansonsten eher im norddeutschen Raum vor.

Südhessisch S. 99 ▪ Zentralhessisch S. 115 ▪ Nordhessisch S. 80

Ähnlich sieht es bei der ›Gurke‹ aus. Die klingt im Hessischen dann *Gurk* oder *Gork*. Aber es gibt auch andere, miteinander verwandte Bezeichnungen: *Kummer*, *Gummer*, *Gommer* oder *Gugummeren*. Die Varianten lassen sich leicht erklären, denn im Lateinischen heißt ›Gurke‹ *cucumis* und davon leiten sich die Formen ab. Sie kennen sicher auch eine weitere Ableitung, und zwar aus dem Englischen, wo die Gurke als *cucumber* bezeichnet wird.

Lateinischen Ursprunges sind auch Bezeichnungen für ein Kraut, das sowohl in die grüne Soße gehört als auch zu Gurken im Salat passt: der Schnittlauch. Zu diesem sagen die Menschen in der Mitte und im Süden Hessens auch *Brissel, Brisselich, Brieslaab* oder *Breslaab*. Diese Namen für den Schnittlauch leiten sich alle vom alten lateinischen *brittula* (›Schnittlauch‹) ab und haben sich in den entsprechenden Dialekten gehalten.

Grüne Soße S. 47

Der Blick auf das kulinarische Hessen könnte noch deutlich weiter schweifen. Für das Verspeisen eines Salats mit *Gummern* und *Brieslaab* mit einem *Äppler* dazu und zwei *Bällchen Eis* danach sind Sie aber schon bestens gewappnet.

Machen

Das Verb *machen* ist gleich doppelt interessant im Hessischen: zum einen die Aussprache und Form und zum anderen die Bedeutungen.

Anhand von *machen* kann man einen Lautausfall in den hessischen Dialekten beobachten. Ähnlich wie der [e]-Murmellaut fällt oft das [n] am Ende von Wörtern weg. In weiten Teilen Hessens heißt es dann also *mache* und nicht ›machen‹ oder auch *lese* für ›lesen‹ und *Blumme* für ›Blumen‹. Nur im äußersten Norden Hessens (nördliches Nordhessisch) bleibt das [n] erhalten. Besonders sind auch die osthessischen Dialekte, denn hier fällt beides aus, [e] und [n]. Die Menschen dort sagen *Ich muss das noch mach* für ›Ich muss das noch machen‹. Noch interessanter wird es hier, wenn *machen* – oder auch ein anderes Verb – in der Kombination mit *wollen* oder *können* auftritt. ›Ich will es nicht machen‹ heißt im Osthessischen dann *Ich will es net gemach*. Das ist innerhalb der deutschen Dialekte recht ungewöhnlich, in der Standardsprache kennen wir die Markierung einer Verbform mit *ge-* nur bei einer Vergangenheitsform: ›Ich habe das gemacht.‹ In Osthessen markiert man damit aber auch in bestimmten Fällen die Grundform. Sie können bei einer Rundreise in Hessen also für *machen* eine Vielzahl an Varianten hören: *machen, mache, mach, gemach*.

Ärm S.17 ▪ Wiesbaden S.113 ▪ Nordhessisch S.80

Mach, dass du dich fortmachst!

Außerdem wird *machen* – vor allem im mittleren und südlichen Hessen – anders und auch häufiger gebraucht als in der Standardsprache. Es kann zur Umschreibung der Befehlsform dienen: Anstatt also ›Gehe jetzt ins Bett!‹ zu sagen, umschreibt man es und sagt dann: *Mach, dass du ins Bett gehst!* Über den Grund kann man nur spekulieren, vielleicht wirkt die Umschreibung mit *machen* etwas höflicher. In Hessen ist *machen* aber auch ein Verb der Bewegung, was auf den ersten Blick vielleicht merkwürdig erscheint. Wenn Sie auf einer Veranstaltung sind und Ihnen beispielsweise eine Hessin mitteilen möchte, dass sie nach Hause geht, dann wird das wie folgt klingen: *Ich mach mich heim*. Wenn sie zur Nachbarin Verena geht, heißt es: *Ich mach mich bei die Verena*.

Ei S.37 ▪ Bei die Oma S.21

Mach dich fort! ist im Hessischen die Aufforderung, zu gehen. Diese lautet nicht *Geh fort!*, denn dieser Ausspruch hat wiederum eine andere Bedeutung im Hessischen: Es ist ein Ausspruch des Erstaunens im Sinne von ›Ach, wirklich!‹ oder ›Mach keine Sachen!‹. Hören Sie in Hessen also *Geh fort!*, dann ist jemand (positiv oder negativ) erstaunt, sollen Sie aber – was wir nicht hoffen – gehen, dann werden Sie eher *Mach dich fort!* zu hören bekommen. Vielleicht ist es noch wichtig, zu erwähnen, dass es in Hessen nichts Anzügliches ist, wenn Sie jemand Folgendes fragt: *Wo machst'n hin?* Hier wird nicht nach dem Ort des Austretens gefragt, sondern lediglich danach, wohin man geht. Ich hoffe, Sie machen sich jetzt darüber keinen *Kopp* (hessisch für ›keine Gedanken‹) mehr.

Mutter und Vater

Mutter und Vater werden natürlich auch in Hessen geehrt, und man könnte auch von dem hessischen Landesvater Georg August Zinn, dem ersten Ministerpräsidenten des Bundeslandes, oder über Liesel Christ, die Mutter oder Mama Hesselbach viel sagen. Spannend im Dialekt ist aber besonders die Aussprache von [er] am Wortende. In der Standardsprache spricht man für das *-er* am Ende von Wörtern einen Murmellaut. Er hört sich an wie ein Laut zwischen einem [a] und einem reduzierten [e]-Laut. Dies hat sich erst im letzten Jahrhundert so entwickelt – auf alten Aufnahmen kann man noch ein [r] am Ende solcher Wörter hören.

Kall, mei Trobbe S.64 ▪ Ärm S.17

In vielen hessischen Dialekten wurde und wird dieses *-er* tatsächlich als [er] – also als eine Folge eines reduzierten [e] und eines [r] gesprochen. Das [r] wird dabei meist vorne im Mund mit der Zungenspitze gerollt. Teilweise fällt sogar der [e]-Laut ganz weg. Wenn Sie auf Ihrer Reise in Hessen also noch auf Sprecherinnen und Sprecher der Dialekte treffen, dann können Sie Aussprachen wie *Mutterrr* oder *Fensterrr* hören. Wahrscheinlich werden die Menschen aber eher mit Ihnen in der regionalen Umgangssprache kommunizieren und da sieht es mit dem *-er* ein wenig anders aus.

Ärm S.17 ▪ Regionale Umgangssprache S.124

Murmellaut

Es gibt zwei Varianten des Murmellauts. Im Norden und Osten wird er *verdumpft*, das heißt, im Vergleich zum Standard wird der Laut weiter hinten im Mund produziert und der Klang geht dann in Richtung eines [o]. Im Westen, der Mitte und im Süden wird der Laut *vorverlagert*, das heißt, hier wird er weiter vorne im Mund produziert und klingt dann ähnlich wie ein [ä]. Die zweite Variante ist die bekanntere. Sie ist ein typisches Merkmal für die regionale Umgangssprache im Rhein-Main-Gebiet und auch des Hessischen, das in den Medien zu hören ist. Der Comedian Martin Schneider übertreibt sie gerne. Vielleicht kennen Sie den Spruch: *Alle Hesse sin Verbreschäää, denn sie klaue Aschebeschäää* (›Alle Hessen sind Verbrecher, denn sie klauen Aschenbecher.‹).

Rhein-Main-Regiolekt S. 90
Kall, mei Trobbe S. 64

Neun Bäume

Hessen hat sicher mehr als neun Bäume – es ist sogar zusammen mit Rheinland-Pfalz das Bundesland mit dem höchsten Waldanteil an der Landesfläche. Hier geht es um das Wort, denn die Wörter *Bäume* und *neun* werden zwar unterschiedlich geschrieben, aber die beiden Diphthonge klingen gleich, es handelt sich also um ein und denselben Laut, der übrigens in *Boiler* wieder anders geschrieben wird. Das war nicht immer so. Die [oi]-Laute der Standardsprache gehen auf zwei unterschiedliche Laute im Mittelhochdeutschen zurück. Wir kennen dies schon von [au] *(braune Augen)* und [ei] *(heißes Eis)*. Der [oi]-Laut in *neun* geht auf mittelhochdeutsch iu ([ü] gesprochen) und der Laut in *Bäume* auf mittelhochdeutsch öü ([öu] gesprochen) zurück. In der Standardsprache sind sie zusammengefallen, in den hessischen Dialekten werden sie unterschieden.

Braune Augen S. 24 ▪ Heißes Eis S. 59

Für den [oi]-Laut mit mittelhochdeutsch iu als Ursprung sagen die Menschen aus dem Zentralhessischen auch [oi] – es heißt hier also auch *neu* für ›neun‹. Weiter südlich sagt man dafür *nei*. Die [oi]-Laute, die auf mittelhochdeutsch öü zurückgehen, werden in beiden Dialektgebieten als langes [e] oder langes [ä] gesprochen – es heißt hier dann *Bääm* oder *Beem* für ›Bäume‹.

Zentralhessisch S. 115
Südhessisch S. 99

Ning Beim

Die [oi]-Laute, die sich aus mittelhochdeutsch iu entwickelt haben, entsprechen im Osthessischen einem (kurzen oder langen) [i] oder [ü] – so heißt es dann *nü* oder *ni* für ›neun‹. Für die anderen [oi]-Laute (aus mittelhochdeutsch öü) sagt man dort [ei] – sodass aus ›Bäume‹ *Beim* wird. Im Nordhessischen finden wir wieder einmal komplexe Verhältnisse vor. Hier sagen die Menschen aus dem Nordosten für ›neun‹ *nien* oder *ning* – also für diese [oi]-Laute ein kurzes oder langes [i]. Die Menschen im Südwesten dieses Sprachgebiets verwenden in diesen Fällen hingegen ein [ei]. Sie sagen also *nei* für ›neun‹. Für die [oi]-Laute, die sich aus mittelhochdeutsch öü entwickelt haben, spricht man in weiten Teilen des Gebiets ein langes [e] wie in *Beem* für ›Bäume‹, nur am nördlichen Rand heißt es *Beim* dafür.

Alle [ei]-Laute im Süd-, Ost- und Nordhessischen hören sich hier eher wie das [ei] in *hey* an.

Osthessisch S.85 ▪ Nordhessisch S.80

Grob gesagt heißt es im Süden somit *nei Beem*, in der Mitte *neu Beem*, im Osten *nü Beim* und im Norden *nein Beem* oder *nien/ning Beim*. Wie bei *braune Augen* und *heißes Eis* kann man anhand dieser zwei Wörter die hessischen Dialekte unterscheiden und wiederum auch testen, ob die Menschen den Dialekt noch beherrschen.

Nordhessisch

Gesprochen wurden und werden die nordhessischen Dialekte in den heutigen Landkreisen Vogelsbergkreis, Marburg-Biedenkopf, Waldeck-Frankenberg, Kassel, Schwalm-Eder-Kreis sowie Werra-Meißner-Kreis und Hersfeld-Rotenburg. Das Gebiet erstreckt sich also ungefähr von der Ohm bis zur Eder, von Alsfeld bis nach Kassel und vom Rothaargebirge bis zum Hohen Meißner. Die Abgrenzung der nordhessischen Dialekte ist nicht ganz so eindeutig wie etwa beim Ost- oder Zentralhessischen. Sie haben nämlich nicht so viele Eigenheiten wie die beiden anderen Dialekträume. Sie werden eher von außen begrenzt: im Südwesten durch das Zentralhessische, im Norden durch das Niederdeutsche, im

Nordhessisches Dialektgebiet

Osten durch das Thüringische und im Südosten durch das Osthessische. Insgesamt teilt sich das Gebiet in zwei Teile: Der südwestliche Teil ähnelt eher dem Zentralhessischen und steht mit ihm im Zusammenhang, beim nordöstlichen Teil sind es das Thüringische und das Osthessische. Gerade diese besondere Mischung an Merkmalen ist typisch für das Nordhessische.

Osthessisch S.85 ▪ Zentralhessisch S.115

1. Machen und lesen

Eine Eigenheit der nordhessischen Dialekte, die sie mit keinem anderen hessischen Raum teilen, ist, dass das [n] am Ende von Wörtern nicht wegfällt – es heißt also wie in der Standardsprache *machen* oder *lesen*. Nur ganz im Süden wird es auch weggelassen.

Machen S.74

2. Brünne Auche/Ööche

Die ganz besondere nordhessische Verteilung der standardsprachlichen [ei]-, [au]- und [oi]-Laute kann man in den Abschnitten »Braune Augen«, »Heißes Eis« und »Neun Bäume« nachlesen.

Braune Augen S.24 ▪ Heißes Eis S.59
Neun Bäume S.78

3. Müde/Miede Föße

Die nordhessischen Dialekte kennen, ebenso wie die osthessischen, teilweise Umlaute. So heißen ›Füße‹ in den dortigen Dialekten entweder *Fisse*, *Föße* oder auch *Füße*, ›müde‹

bleibt *müde* oder wird zu *müre, miede* oder *miere*, ›fünf‹ heißt hingegen meist *fenf* und ›schön‹ entweder *schien* oder *schen*.

Bei den Konsonanten ähnelt das Nordhessische den anderen hessischen Dialekten. Hier werden auch weiche für harte Laute wie in *baggen* für ›backen‹ oder [ch] für [g] wie in *Berch* für ›Berg‹ verwendet. Mit dem Zentralhessischen teilt das (südwestliche) Nordhessische das Merkmal, dass aus einem [t] oder [d] zwischen zwei Vokalen ein [r] werden kann. Dies haben wir bereits bei *müre* für ›müde‹ sehen können. Ein besonderes Merkmal des Nordhessischen, das es mit dem Osthessischen teilt, lässt sich bei den Lautfolgen [nt] oder [nd] und manchmal auch nur bei [n] beobachten. Im Zentral- und Südhessischen fällt oft bei der Lautfolge [nt] oder [nd] das [t] oder [d] aus, es heißt dort dann *unne* für ›unten‹ oder *Kinner* für ›Kinder‹. Im Ost- und Nordhessischen fällt das [t] oder [d] auch weg, aber es wird kein [n] gesprochen, sondern ein Laut, der wie eine Kombination aus [n] und [g] klingt, wie in *Ring* oder *lang*. In den dortigen Dialekten wird also *unge* und *hinge* für ›unten‹ und ›hinter‹ gesagt. Bei [nd] ist das eher seltener, hier hört man öfter die südliche Variante wie in *Kinner*.

Gude S.52 ▪ Osthessisch S.85
Zentralhessisch S.115 ▪ Südhessisch S.99

Im Abschnitt »Dialekt – heute« geht es darum, in welchen Teilen Hessens heute noch tiefer Dialekt gesprochen wird, und im Abschnitt »Sprachwandel – Nord« geht es um die neueren Veränderungen im Nordhessischen.

Dialekt – heute S.34 ▪ Sprachwandel – Nord S.93

Ort

Das Wort *Ort* ist im Hessischen sehr interessant. In vielen hessischen Dialekten heißt es *das Ort*, darüber erfahren Sie mehr unter »Zwä Stift – oder zwei Stifte«. Aber nicht nur das grammatische Geschlecht ist interessant, auch die Aussprache ist typisch hessisch. In der Standardsprache sprechen wir das r in *Ort* – und allgemein nach einem Vokal – als einen Murmellaut aus, der genauso klingt wie die Aussprache des -er am Ende von Wörtern *(Mutter und Vater)*. Versuchen Sie, es einmal für sich nachzusprechen, der Laut zwischen dem [o] und dem [t] klingt dann wie ein gemurmeltes [a]. In einigen hessischen Sprechweisen – und zwar vor allem in der regionalen Umgangssprache des Rhein-Main-Gebiets, aber auch in manchen nicht hessischen Dialekten – wird dieser Laut einfach weggelassen. Er fällt also komplett aus und es wird nur ein kurzes [o] und ein [t] gesprochen: in etwa *Ottt*.

Büdingen S.27 ▪ Frankfurt S.39 ▪ Wiesbaden S.113
Zwä Stift – oder zwei Stifte S.120 ▪ Vokal S.125
Mutter und Vater S.76 ▪ Rhein-Main-Regiolekt S.90

Geh fottt!

Das betrifft vor allem Wörter mit or, seltener andere Vokale. Sie werden also in Hessen gegebenenfalls etwas vom *Spottt* (›Sport‹) oder vom *Pottmonee* (›Portemonnaie‹) hören und auch im Ausspruch des Erstaunens *Geh fort!* wird

›fort‹ wie *fottt* ausgesprochen. Bei der Lautfolge orst tritt dieses Phänomen allerdings nicht auf – hier verschmilzt das r mit dem s zu einem [sch]-Laut wie in *Borschte* für ›Borsten‹. Dies haben wir schon im Kapitel »Ahle Worscht« gesehen. Dort wurde gezeigt, dass Vokale vor einem r etwas offener gesprochen werden – ›Wurst‹ wird oft *Worscht* ausgesprochen. Das kommt auch bei der Lautfolge ur vor. Hier wird dann zunächst der Vokal etwas offener und ähnelt einem [o] und dann fällt das r bzw. der Murmellaut komplett weg. So wird Frankfurt dann oft *Frankfottt* ausgesprochen.

Machen S.74 ▪ Ahle Worscht S.9
Frankfurt S.39

Osthessisch

Gesprochen wurden und werden die osthessischen Dialekte im Landkreis Fulda, im Osten des Vogelsbergkreises und im Westen des thüringischen Wartburgkreises. Das Gebiet erstreckt sich also vom östlichen Vogelsberg durch das Fuldaer Becken zur Rhön und im Westen bis ungefähr zur Felda, einem thüringischen Nebenfluss der Werra.

Das osthessische Dialektgebiet ist damit vergleichsweise klein, kann aber als eigener Dialektraum bestimmt werden – worauf die Menschen dort durchaus stolz sein

braune, Kühe,
neun, verkaufen

bruin, Köh,
nün, verkeif

Osthessisches Dialektgebiet

können. Trotz dieser Eigenständigkeit und klaren Abgrenzung steht das Osthessische in Verbindung zum Nordhessischen und auch zum Thüringischen.

Chatten S.30 ▪ Hessisch = Hessisch? S.62

Wie die anderen hessischen Dialektverbände weisen auch die osthessischen Dialekte Besonderheiten auf. Mithilfe von vier dieser Besonderheiten können sie gegen die umliegenden Dialekte abgegrenzt werden. Diese nehmen wir einmal genauer unter die Lupe.

Nordhessisch S.80 ▪ Südhessisch S.99
Zentralhessisch S.115

1. Was ein Wätter

Manche [e]-Laute werden in den osthessischen Dialekten offener gesprochen, das heißt, dass der Mund weiter geöffnet ist. Die Aussprache ähnelt dann einem [a] oder [ä]. So heißt es beispielsweise in den dortigen Dialekten *Batt* für ›Bett‹ oder *Wätter* und *Pfäffer* für ›Wetter‹ und ›Pfeffer‹.

2. Leeber Broder

Die zweite Besonderheit des Osthessischen kann ebenfalls als Öffnung beschrieben werden. Statt einem langen [i]-Laut wird in dieser Gegend in einigen Fällen ein langer [e]-Laut verwendet. Sie öffnen den Mund etwas mehr (das kann man sehr gut vor dem Spiegel selbst beobachten – bei

[i] ist der Mund fast ganz geschlossen, bei [e] können Sie schon ein wenig in den Mund hineinschauen). Es heißt also *leeb* für ›lieb‹. Auch einige [u]-Laute werden in den osthessischen Dialekten offener gesprochen, so heißt es hier dann *Broder* für ›Bruder‹ oder *donn* für ›tun‹.

3. Les und mach

Das dritte Merkmal, das das Osthessische kennzeichnet, betrifft die Aussprache und die Grammatik. Vielleicht haben Sie es im Abschnitt »Machen« schon gelesen. In den meisten hessischen Dialekten fällt am Ende des Wortes das [n] oder das [e] weg – so heißt es *lese* für ›lesen‹ oder *Hos* für ›Hose‹. Bei den Verben in der Grundform fällt im Osthessischen gleich beides weg. So sagen Menschen aus Osthessen *Er soll das Buch noch les* für ›Er soll das Buch noch lesen‹ oder *Ich muss das noch mach* für ›Ich muss das noch machen‹.

Machen S.74

4. Brui Auwe

Auch die Verteilung der standardsprachlichen [ei]-, [au]- und [oi]-Laute kennzeichnet das Osthessische und lässt eine Abgrenzung zu. Sie sind in den Abschnitten »Braune Augen«, »Heißes Eis« und »Neun Bäume« näher beschrieben.

Braune Augen S.24 ▪ Heißes Eis S.59 ▪ Neun Bäume S.78

Weitere Merkmale teilen sich die osthessischen mit den anderen hessischen Dialekten. So gibt es teilweise keine

Umlaute, wie wir es im Beispiel *Hiser* statt *Hüser* (›Häuser‹) gesehen haben, und auch die Merkmale bei den Konsonanten gelten für die osthessischen Dialekte. Wobei hier doch noch zwei Besonderheiten zu nennen sind. Wie im Nordhessischen wird im Osthessischen aus [nt] oder [nd] ein [ng]: Es heißt dann zum Beispiel *hinger* für ›hinter‹. Eine weitere Eigenheit des Osthessischen tritt bei Fragewörtern auf. In der Standardsprache und in den anderen hessischen Dialekten beginnen diese mit [w] wie in *was* oder *wie*. In den osthessischen Dialekten sagt man aber *bos* und *bee* für diese beiden Fragewörter – sie beginnen also mit [b].

Umlaut S. 125 ▪ Gude S. 52
Nordhessisch S. 80

Wir haben hier etwas über die Eigenschaften und die Verbreitung der osthessischen Dialekte erfahren. Im Abschnitt zum »Dialekt – heute« geht es darum, in welchen Teilen Hessens heute noch Dialekt gesprochen wird, und im Abschnitt »Sprachwandel – Nord« geht es um die neueren Veränderungen im Osthessischen.

Dialekt – heute S. 34
Sprachwandel – Nord S. 93

Rhein-Main-Regiolekt

Der Rhein-Main-Regiolekt ist die regionale Umgangssprache im südlichen und mittleren Hessen – also im erweiterten Rhein-Main-Gebiet. Aufgrund seiner Bedeutung für den Sprachraum soll er etwas näher betrachtet werden. Denn es handelt sich hierbei auch um die Sprechweise, die häufig für »das Hessische« gehalten wird und die in den Medien verwendet wird. Zur Entstehung erfahren Sie mehr unter »Frankfurt« und »Sprachwandel - Süd«.

Wahrnehmung S.111 ▪ Kall, mei Trobbe S.64
Frankfurt S.39 ▪ Sprachwandel - Süd S.96

Es sind recht viele der Dialektmerkmale aus dieser Gegend im Regiolekt erhalten geblieben: Manche [ei]- und [au]-Laute entsprechen einem langen [a]. Es heißt hier beispielsweise *aach* für ›auch‹ und *kaa* für ›kein‹. Außerdem werden Vokale gekürzt, [e] und [n] werden weggelassen, in der Mitte von Wörtern werden weiche Laute gesprochen und [ch] wird für [g] verwendet.

Braune Augen S.24 ▪ Heißes Eis S.59 ▪ Wiesbaden S.113
Ärm S.17 ▪ Machen S.74 ▪ Gude S.52

Neue Regionalität

Es gibt aber auch Merkmale, die spezifisch für den Rhein-Main-Regiolekt sind und sich eigenständig entwickelt haben. Hierzu zählen die Verwendung von [sch] für [ch] *(Bethmännchen)*, die [ä]-Variante für -er *(Mutter und Vater)*, das weiche [s] im Wortinnern *(Hessen)* oder die harten Laute am Wortanfang *(grüne Soße)*. Im Gegensatz zu den Dialekten wird im Rhein-Main-Regiolekt [p] für [pf] nur in der Wortmitte und am Wortende gesprochen (*Appel*, *Kopp* für ›Apfel‹ und ›Kopf‹) und dies auch eher selten. Am Wortanfang spricht man aber weder das [p] der Dialekte (*Pann* für ›Pfanne‹) noch das [pf] der Standardsprache, sondern nur ein [f] *(Fanne)*.

Bethmännchen S.22 ▪ Mutter und Vater S.76
Hessen S.60 ▪ Grüne Soße S.47 ▪ Äppler S.13

Dies ist keine vollständige Liste der Merkmale des Rhein-Main-Regiolekts. Man muss zudem sagen, dass die Merkmale nicht alle verwendet werden (müssen). Regionale Umgangssprachen, so auch der Rhein-Main-Regiolekt, sind keine starren Systeme, die Merkmale werden also nicht immer alle und nicht gleich häufig verwendet. Und auch der Rhein-Main-Regiolekt entwickelt sich weiter – viele junge Menschen aus Hessen sprechen immer standardnäher. Aber es lässt sich auch beobachten, dass immer wieder neue Merkmale dazukommen, wie etwa die harten Laute in *krie Soß*, und damit Regionalität in der Sprache erhalten bleibt.

Regionale Umgangssprache S.124
Grüne Soße S.47

Sein oder nicht sein …

Wir wollen hier nicht Shakespeares Frage aus dem Hamlet beantworten, sondern einmal einen Blick auf das Verb *sein* werfen. Es ist wahrscheinlich das wichtigste Verb überhaupt und eines der häufigsten. Und im hessischen Sprachraum auf jeden Fall ein Verb mit vielfältigen Formen.

Besonders die Formen der 1. Person Singular *(ich)* sind interessant. Hier heißt es in den hessischen Dialekten mitunter *sein*, *sen* oder *sei/soi* statt ›bin‹. Diese Formen passen irgendwie besser zur Grundform *sein*. Dasselbe können wir im Zentralhessischen auch in der 2. Person Singular *(du)* beobachten, hier heißt es teilweise *du seist* für ›du bist‹. Erklären lässt sich dies in aller Kürze wie folgt: In der Standardsprache sind im Laufe der Jahrhunderte die Formen von drei Verben zusammengefallen zum Verb *sein* mit seinen heutigen Formen wie ›bin‹, ›ist‹, ›gewesen‹. Die Dialekte haben diesen Wandel teilweise nicht mitgemacht. Man kann daher sogar sagen, dass sie etwas regelmäßiger sind als die Standardsprache – zumindest, was das Verb *sein* betrifft.

Sprachwandel – Nord

Sprachlicher Wandel ist vollkommen natürlich und er hat schon immer stattgefunden. Sprache ist dynamisch und verändert sich so wie diejenigen, die sie sprechen. Man kann das persönlich eher gut oder schlecht finden, aber ganz objektiv betrachtet, gehört das zur Sprache dazu.

Sprachlicher wie modischer Wandel in Hessen: von der Marburger evangelischen Tracht zur Jeans.

Gehen wir einmal vom Anfang des 20. Jahrhunderts aus. Zum damaligen Zeitpunkt gab es bereits eine übergreifende und normierte Standardsprache (Schrift und Aussprache) und die Schulpflicht war eingeführt. Die ost- und nordhessischen Dialekte sind relativ weit von der Standardsprache entfernt, das merken Sie spätestens, wenn Sie die Dialekte hören und vielleicht nicht allzu viel verstehen. Die damaligen Dialektsprecherinnen und -sprecher konnten also, vom Dialekt ausgehend, die Standardsprache nicht so einfach umsetzen. Die Zuordnung von Lauten zu Buchstaben funktioniert in beiden Systemen ganz anders: Wie Sie bereits im Kapitel »Heißes Eis« erfahren haben, heißt es im Osthessischen beispielsweise *liis* für ›Eis‹, aber es bleibt bei *heiß* für ›heiß‹ – die Aussprache unterscheidet sich im Dialekt sehr. Die Sprecherinnen und Sprecher konnten also nicht das System des Dialekts mit seinen Unterscheidungen verwenden, sondern mussten die Standardsprache komplett neu lernen – quasi wie eine Fremdsprache. Dabei bleiben natürlich ein paar Eigenheiten der Ursprungssprache erhalten.

Heißes Eis S. 59

Dialekt und regionale Umgangssprache

Im Laufe der Zeit hat sich auf diese Weise jeweils eine neue Sprechweise entwickelt. Man kann sie als regionale Umgangssprache bezeichnen. Im Ost- und Nordhessischen ist sie aufgrund der geschilderten Entwicklung recht standardnah, aber immer noch als ost- bzw. nordhessische Sprechweise zu erkennen. Dadurch gab es dann (vereinfacht gesagt) zwei Möglichkeiten, in den beiden Gebieten zu sprechen: entweder im Dialekt oder in der neuen regionalen Umgangssprache. Vor allem aufgrund gesellschaftlicher Entwicklungen wie gesteigerter Mobilität und veränderter Kommunikation wurde der Dialekt häufig nicht an die nachfolgenden Generationen weitergegeben. Das führte wiederum dazu, dass es im Gebiet des Ost- und Nordhessischen immer weniger Menschen gibt, die den Dialekt sprechen, und dazu, dass die standardnahen regionalen Umgangssprachen die hauptsächlichen Sprechweisen dort wurden. Wir wissen aber auch, dass das nicht überall der Fall ist. In manchen Regionen wurde der Dialekt weitergegeben, die Menschen haben dann den Dialekt und die regionale Umgangssprache parallel gelernt. Dadurch, dass die Dialekte häufig im privaten und kleinen Kreis verwendet und weitergegeben wurden und sich von den regionalen Umgangssprachen recht stark unterscheiden, hat sich bei ihnen nicht sehr viel verändert. Wenn wir im Ost- und Nordhessischen heute also noch Dialektsprecherinnen und -sprecher finden, dann ist die Wahrscheinlichkeit groß, dass der Dialekt noch mehr oder weniger dem von vor 100 Jahren entspricht. Die gängigste Sprechweise ist in den beiden Räumen aber die standardnahe regionale Umgangssprache.

Regionale Umgangssprache S. 124
Dialekt – heute S. 34

Sprachwandel – Süd

Im Süden sieht der Sprachwandel etwas anders aus als im Norden. Werfen wir zunächst einen Blick auf das Südhessische: Dialektsprecherinnen und -sprecher mussten oder sollten auch hier die Standardsprache lernen. Der bedeutende Unterschied zum Norden ist, dass die südhessischen Dialekte nicht so weit von der Standardsprache entfernt sind. Sie haben mehr Gemeinsamkeiten mit ihr als die anderen Dialekte, und die Beziehungen zwischen Lauten und Buchstaben sind einfacher. Deshalb konnten die Dialektsprechenden von ihrem Dialekt aus die Standardsprache lernen. Sie mussten kein neues System erwerben, sondern haben ganz einfach ein paar Dialektmerkmale weggelassen.

Sprachwandel – Nord S. 93

So hat sich im Laufe der Jahre auch eine regionale Umgangssprache entwickelt. Diese sieht aber ganz anders aus als die im Norden. Sie ist nicht standardnah, sondern eher dialektnah. Die Sprechweise hat sich nicht als ganz neues System wie im Norden entwickelt, sondern aus dem Dialekt heraus – viele Merkmale sind erhalten geblieben. Innerhalb der regionalen Umgangssprache kann man sich auch schrittweise der Standardsprache nähern, indem man weitere Dialektmerkmale weglässt. Unterstützt wurde diese Entwicklung durch den Sprachwandel in Städten wie Frankfurt und Darmstadt.

Frankfurt S. 39

Die regionale Umgangssprache wird hier auch aufgrund des Gebiets als Rhein-Main-Regiolekt bezeichnet. Regiolekt ist dabei ein anderer Begriff für regionale Umgangssprache. Diese Sprechweise hat sich im 20. Jahrhundert sehr schnell durchgesetzt, sich eigenständig weiterentwickelt und im südhessischen Raum die alten Dialekte mehr oder weniger ersetzt. Das lässt sich gut nachvollziehen: Die regionale Umgangssprache erfüllt die Funktionen eines Dialekts (regionales Sprechen, sprachliche Identität), ist dabei aber verständlicher als der Dialekt, kann also häufiger und weiträumiger verwendet werden. Aber auch in Südhessen gibt es, wenn auch immer seltener, noch Dialekte.

Rhein-Main-Regiolekt S.90
Dialekt – heute S.34

Einfluss von Süden

Schauen wir nun noch einmal auf das Zentralhessische. Hier haben wir eigentlich dieselbe Ausgangssituation wie im Ost- und Nordhessischen, und am Anfang verlief die Entwicklung im gesamten Gebiet auch genauso wie dort. Im Norden des Zentralhessischen können wir denselben Sprachwandel beobachten und haben heute auch dieselbe Sprachsituation wie im Ost- und Nordhessischen. Im Süden des zentralhessischen Dialektgebiets sieht es etwas anders aus: Hier waren die Menschen im engen Kontakt mit den Menschen aus dem Süden – als Pendlerinnen, Besucher usw. Sie sind somit auch immer wieder in Kontakt mit der dortigen regionalen Umgangssprache gekommen. Diese hat sich dann nicht nur im Gebiet des Südhessischen durchgesetzt, sondern auch im südlichen

Zentralhessischen. Die alten Dialekte wurden mehr und mehr durch diese neue Sprechweise aus dem Süden ersetzt. Wie dies konkret bei einzelnen Sprechenden aussieht, erfahren Sie im Kapitel »Ahle Worscht«.

Zentralhessisch S.115 ▪ Osthessisch S.85
Nordhessisch S.80 ▪ Sprachwandel - Nord S.93
Frankfurt S.39 ▪ Ahle Worscht S.9

Im Gebiet des Südhessischen und des südlichen Zentralhessischen (bis in die Wetterau und den Taunus) gibt es heute immer weniger Menschen, die die Dialekte sprechen. Die Dialekte, die sie verwenden, haben sich durch die gleichzeitige Verwendung der regionalen Umgangssprache auch verändert. Die Hauptsprache in diesem Gebiet ist also auch die regionale Umgangssprache, die aber im Unterschied zum Norden viel dialektnäher ist.

Bethmännchen S.22
Rhein-Main-Regiolekt S.90

Südhessisch

Gesprochen wurden und werden die südhessischen Dialekte vom Rhein bis nach Aschaffenburg und von Frankfurt bis in den Odenwald. Das Gebiet erstreckt sich über die heutigen Landkreise Offenbach, Groß-Gerau, Darmstadt-Dieburg, Bergstraße und Odenwald.

Südhessisch ist ein besonderer Fall im hessischen Sprachraum. Die Dialekte, die als südhessisch zusammengefasst werden, gehören eigentlich zum Rheinfränkischen. Dies ist ein größerer Dialektraum, der sich vom südlichen Hessen über die Pfalz bis an die französische Grenze erstreckt – das Südhessische ist also mit dem Pfälzischen verwandt. Die Dialekte in diesem Raum haben viele gemeinsame Eigenschaften, werden aber vor allem zusammengefasst, weil die umliegenden Dialekträume eindeutig zu bestimmen sind und sich so vom Rheinfränkischen abgrenzen. Durch diese besondere Situation können innerhalb des Rheinfränkischen aber Dialektgruppen unterschieden werden – so wie das Südhessische. Und da das Südhessische eben auch viele hessische Merkmale besitzt, ist die Bezeichnung Südhessisch durchaus berechtigt.

Die sprachliche Abgrenzung der südhessischen Dialekte ist zwar nicht so einfach möglich wie etwa beim Zentralhessischen, folgende Merkmale zeichnen den Dialektraum aber

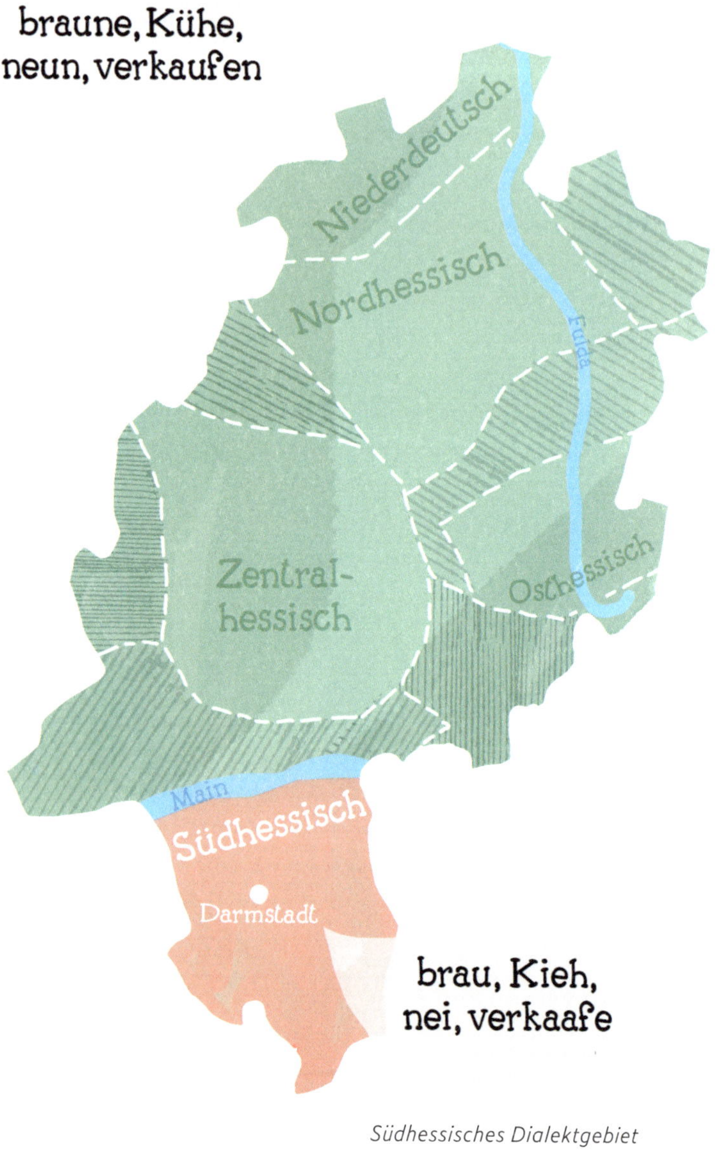

Südhessisches Dialektgebiet

aus und machen ihn in ihrer Kombination und im Vergleich zu den umliegenden Dialekten einzigartig.

Zentralhessisch S.115

1. Bees Kieh

Die südhessischen Dialekte kennen keine Umlaute, hier heißt es *bees* für ›böse‹ und *Kieh* für ›Kühe‹. Es gibt dort allerdings auch keine [oi]-Laute, wie sie beispielsweise im Zentralhessischen (*Keuh* für ›Kühe‹) auftreten. Diese Laute werden durch [ei/ai] oder [a] ersetzt: ›Neun‹ heißt hier *nei*, ›Häuser‹ sind *Haiser*, ›Feuer‹ ist *Faier* und ›Bäumchen‹ sind *Baamche*.

Umlaut S.125 ▪ Kühe S.69
Neun Bäume S.78

2. Bessere Schwester

In den südhessischen Dialekten werden auch manche [e]-Laute unterschieden. Das hat mit der sprachgeschichtlichen Entwicklung zu tun. In der Standardsprache sind drei frühere [e]-Laute zu einem kurzen [e] wie in *Schwester* zusammengefallen. Manche dieser [e]-Laute klingen im Südhessischen nicht so offen wie bei *Schwester*, sondern etwas geschlossener und ähneln dann eher einem [i] oder langen [e], das aber kurz gesprochen wird. Dies ist ebenso bei *besser* der Fall.

Mittelhochdeutsch S.124
Zentralhessisch S.115

3. Ihr derft des

Es gibt außerdem ein grammatisches Phänomen, das das Südhessische und Teile des Pfälzischen gegenüber den westlichen Dialekten des Rheinfränkischen auszeichnet: In der 2. Person Plural *(ihr)* heißt es im Osten des Rheinfränkischen (also auch im Südhessischen) *ihr derft* für ›ihr dürft‹, im Westen allerdings *ihr derfen*. Das unterscheidet das Südhessische also nicht von der Standardsprache, aber von den anderen Dialekten im Gebiet des Rheinfränkischen.

4. Feschtes Häuslein

Drei weitere Eigenschaften gibt es, die aber nicht alle südhessischen Dialekte betreffen. Im Süden des südhessischen Raums kommt ein Merkmal vor, das wir vor allem mit dem Schwäbischen verbinden: Hier heißt es *fescht* für ›fest‹ oder *du bischt* für ›du bist‹, [st] wird hier also in vielen Fällen in der Mitte und am Ende von Wörtern als [scht] ausgesprochen. Im Osten dieses Gebiets verwendet man für manche langen [e]- und [o]-Laute eine Kombination aus zwei Lauten. ›Weh‹ heißt dann *weih* – der Laut klingt wie in *hey* – und ›Brot‹ wie *Brout* – dieser Laut klingt ähnlich wie in Englisch *alone*. Im äußersten Süden des Südhessischen tritt noch ein grammatisches Merkmal auf. Hier wird für die Verkleinerung nicht *-chen* verwendet, sondern fast durchweg *-lein*, es heißt dann zum Beispiel *Häuslein* und nicht *Häuschen*.

Die weiteren Eigenschaften teilen sich die südhessischen Dialekte mit den zentralhessischen. So auch die Aussprache der [au]- und [ei]-Laute. Ebenfalls wie im

Zentralhessischen wird in Teilen Südhessens ein [t] oder [d] zwischen zwei Vokalen durch ein [r] ersetzt wie in *Klaarer* für ›Kleider‹. Auch das Weglassen von [e] und [n] am Ende von Wörtern sowie die im Kapitel »Gude« beschriebenen Merkmale bei den Konsonanten lassen sich in den südhessischen Dialekten wiederfinden. Typisch südhessisch ist auch der [sch]-Laut für [ch] wie in *isch* für ›ich‹ oder *rischdisch* für ›richtig‹.

Braune Augen S.24 ▪ Heißes Eis S.59
Ärm S.17 ▪ Machen S.74 ▪ Gude S.52
Bethmännchen S.22

Im Abschnitt zum »Dialekt – heute« geht es darum, in welchen Teilen Hessens heute noch Dialekt gesprochen wird, und in den Abschnitten »Ahle Worscht« und »Sprachwandel – Süd« geht es um die neueren Veränderungen im Südhessischen, die auch übergreifend von Bedeutung für das Hessische sind.

Dialekt – heute S.34 ▪ Ahle Worscht S.9
Sprachwandel – Süd S.96

Süßes aus Hessen

Wenn man über das süße Hessen spricht, kommt man am *Guutsje* nicht vorbei. *Guutsje* – oder auch *Guutsie* genannt – ist das hessische Wort für ›Bonbon‹. Vielleicht sind beide auch verwandt (*bon* = ›gut‹), das ist aber nicht eindeutig geklärt. Manche *Guutsjes* sind auch *bappisch* oder *babbisch* – das bedeutet ›klebrig‹.

Babbisch Guutsje

Neben den Bethmännchen und herzhaftem Gebäck wie Zwiebelkuchen gibt es in Hessen auch noch *Kräppel*. Das ist die hessische Variante des Berliners bzw. Krapfens. Sie bekommen ihn gefüllt oder ungefüllt, aber bezeichnet

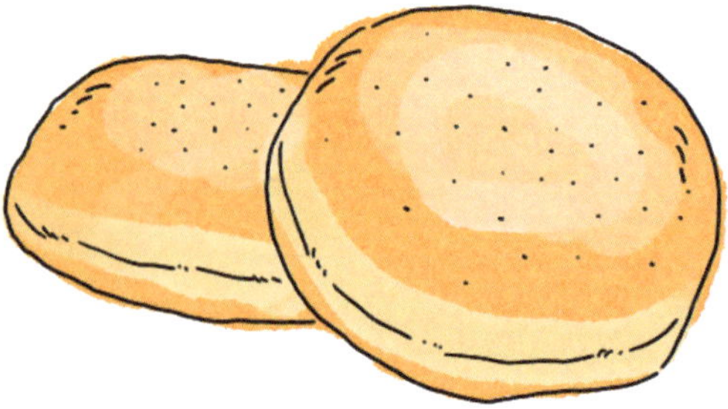

Kräppel mit Quetschelatwerge

wird er fast immer als *Kräppel*. Diese Form lässt sich vom *Krapfen* ableiten. Deswegen schreibe ich sie auch so – oft findet man aber auch die Schreibweisen mit e *(Kreppel, Krebbel)*. Gefüllt sind *Kräppel* oft mit *Quetschelatwerge* also mit ›Pflaumenmus‹. *Quetsche* ist dabei die hessische Bezeichnung für die ›Zwetschge‹, also die Unterart der Pflaume. Als *Latwerge* – auch *Latwerg*, *Latwerch* oder *Latwerje* – wird in weiten Teilen Hessens ein Mus aus Früchten, meist aus Pflaumen oder Zwetschgen bezeichnet. Das kommt daher, dass man im Mittelalter mit *Latwerge*, was ganz ursprünglich aus dem Altgriechischen kommt, ein Arzneimittel in Form eines Breis bezeichnet hat. Weil die Substanz in beiden Fällen breiig ist, ging dann der Name auf das Mus über. Laut Duden kann man übrigens – wie ich es auch tue – regional *der Mus* sagen. Eine alternative Bezeichnung für ›Pflaumenmus‹ – hauptsächlich im mittleren Hessen – ist noch *Quetschehoing*, das sich von ›Honig‹ ableitet.

Bethmännchen S.22 ▪ Äppler S.13

Riwwel- und Mattekuchen

Als bekanntester hessischer Kuchen darf sich wohl der Frankfurter Kranz rühmen. Wenn Sie ihn noch nicht probiert haben und Torten mögen, kann ich Ihnen die Verkostung nur empfehlen – auch außerhalb Hessens wird er geschätzt. Daneben gibt es aber auch noch den *Riwwel*- und den *Mattekuchen* – *Kuchen* kann hier mit kurzem [u] und ohne [n] bzw. mit [ou] statt [u] gesprochen werden. Mit *Riwwelkuchen*, regional auch *Riewel*- oder *Ribbelkuchen*, ist – vor allem im Süden und in der Mitte – nichts anderes als ein Streuselkuchen gemeint. Es handelt sich um einen Hefekuchen, meist auf dem Blech gebacken – mit oder ohne Obst – und auf jeden Fall mit Streuseln. *Riwwel* bedeutet hier ›Streusel‹ oder ›Krümel‹ und ist mit *reiben* verwandt. Man kann sich das gut vorstellen, wenn man schon einmal Streuselkuchen gebacken hat: Den Teig knetet man und zerreibt ihn dann zwischen den Händen zu Streuseln – und so kommt man in Teilen Hessens zum *Riwwelkuchen*. In manchen Gegenden Nordhessens sagt man zu diesem Kuchen auch *Stowwendähre* (›Stubentür‹) oder *Dälenwand* (›Dielenwand, Bretterzaun‹), was mit der Form des Kuchens zu tun hat. Der *Mattekuchen* – einer meiner Lieblingskuchen und dann am liebsten von Mutti – ist in weiten Teilen Hessens nichts anderes als ein ›Käsekuchen‹. Beide bezeichnen sogar dasselbe – denn Käse ist ja im Käsekuchen nicht enthalten, sondern Quark und der heißt in den entsprechenden Regionen Hessens *Matte* oder *Madde*. Das *Käse* in Käsekuchen ist auch nur eine alte Bezeichnung für ›Quark‹ – dieses Wort ist nämlich in der deutschen Sprache noch gar nicht so alt und kommt ursprünglich aus dem Slawischen. Die Dialekte, die ja oft alten Sprachschatz bewahren, kennen das Wort *Quark* nicht (man sagt stattdessen beispielsweise *Topfen* oder *Schotten*). Und deshalb bekommen Sie in Hessen mitunter einen *Mattekuchen* serviert.

Ich hoffe, Ihnen auch das süße Hessen schmackhaft gemacht zu haben – gehen Sie also gerne mal in ein nettes, kleines hessisches Kaffee und lassen sich mit *Kräppel* oder *Mattekuchen* verwöhnen.

Tiere in Hessen

Wir haben schon etwas über das Wort für Kühe im Hessischen erfahren und es gibt noch mehr besondere hessische Wörter für Tiere. Zum einen gibt es typisch hessische Aussprachen von Tieren wie *Schoof* für ›Schaf‹ oder *Hond* für ›Hund‹ – die Varianten in der Aussprache für Kühe sind vielfältig. Es gibt zum anderen aber einige eigene Bezeichnungen. So sagen die Menschen in Hessen zu einem Pferd meist *Gaul.* Im Nord- und Osthessischen wird ›Gaul‹ *Gul*, *Gül* oder *Gull* ausgesprochen. Das Schwein wird meist als *Wutz* bezeichnet – manchmal meint man damit aber eher ›Ferkel‹. Sowohl *Gaul* als auch *Wutz* sind im Hessischen ganz neutral und nicht so abwertend wie im Standarddeutschen. Die ›Ziege‹ wird nur im Nordhessischen auch *Ziege* genannt. In den anderen Dialekten sagt man *Geiß* bzw. meistens in dialektaler Aussprache *Gaaß* – zum männlichen Pendant dann *Gaaßbock*. *Geiß* kommt im Deutschen relativ oft als regionale Bezeichnung für Nutz- oder Wildtiere (beispielsweise auch für ›Ricke‹) vor, in Hessen hat es aber die Bedeutung ›Ziege‹. Das haben die hessischen Dialekte aus dem Mittelhochdeutschen erhalten. Zu dieser Zeit war *geiz* eine Bezeichnung für ›Ziege‹. Wir sehen also wieder, dass die Dialekte alte sprachliche Eigenschaften behalten, die wir in unserer heutigen Standardsprache nicht mehr kennen. In einem Teil des Osthessischen sagt man neben *Geiß/Gaaß* auch *Hitze* zur Ziege.

Kühe S.69 ▪ Nordhessisch S.80 ▪ Osthessisch S.85
Mittelhochdeutsch S.124

Hinkel und Gickel

Für unsere gefiederten Freunde – die Hühner – gibt es im Norden und Osten Hessens auch die Bezeichnung *Huhn* bzw. *Hühner*. In der Mitte und im Süden Hessens sagt man aber *Hinkel* mit [g] – sowohl für den Singular als auch den Plural. *Hinkel* kann man wie in der Standardsprache als Oberbegriff für ›Hühner‹ verwenden, möchte man aber speziell den Hahn benennen, so heißt dieser in Hessen *Gockel* oder *Gickel* – wiederum mit einem [g] in der Mitte. *Gockel* ist etwas weiträumiger im Süden und der Mitte Deutschlands verbreitet, *Gickel* eher in der Mitte. Die Bezeichnungen kennt man ebenfalls aus der Standardsprache, aber auch hier gilt, dass sie in den hessischen Dialekten neutral verwendet werden. Beide leiten sich übrigens von den Lauten ab, die die Tiere von sich geben.

Migge

Auch die Welt der Insekten ist sprachlich vielfältig im Hessischen. Hier kann es nämlich zu Verwirrungen kommen. Im Süden und der Mitte Hessens werden Sie mitunter die Bezeichnungen *Mücke*, *Mucke* oder dialektal ausgesprochen *Migg* hören. Damit sind aber keine Mücken gemeint. Mit diesen Ausdrücken

Der gibt ja aa wie e Dudd voll Migge.

werden ganz allgemein Fliegen oder manchmal etwas genauer Stubenfliegen bezeichnet. So versteht man auch den Ausspruch *Der gibt ja aa wie e Dudd voll Migge* – ›Er gibt an wie eine Tüte voll Fliegen‹. Hiermit ist ein großer Aufschneider gemeint. Da man mit *Mücken* oder *Migge* in diesen Gegenden ja ›Fliegen‹ bezeichnet, braucht man natürlich für ›Mücken‹ eine andere Bezeichnung. Aus diesem Grund werden Mücken dort meist als *Schnaken* bezeichnet – darunter fallen dann aber auch die standardsprachlichen Schnaken.

Milchsäufer und Flattermaus

Für einige Tiere gibt es regional sehr, sehr viele Namen. Eines dieser Tiere ist der Schmetterling. Dieser wird in weiten Teilen Hessens ebenfalls als *Schmetterling* bezeichnet – in der jeweiligen Aussprache wie *Schmerreling* oder *Schmadderling*. Mit diesen Bezeichnungen stehen weitere in Verbindung: *Buttervogel*, *Molkenstehler*, *Milchfresser*, *Milchsäufer* oder *Schmantlecker*. Das mag auf den ersten Blick merkwürdig erscheinen, lässt sich aber leicht auflösen. *Schmetterling* leitet sich von der Bezeichnung *Schmetten* für ›Sahne‹ oder ›Rahm‹ ab, die wiederum mit dem tschechischen *smetana* für ›Sahne‹ oder ›Rahm‹ verwandt ist. Schmetterlinge waren und sind oft an Rahm-, Milch- oder Buttergefäßen zu finden. Im früheren Volksglauben dachte man, dass Hexen in der Gestalt von Schmetterlingen Milch, Rahm oder Butter stehlen. Daher kommen neben *Schmetterling* die hessischen Namen wie *Molkenstehler* oder *Milchsäufer* vor. Dieselbe Erklärung gilt übrigens für das englische *butterfly* (›Butterfliege‹).

Bezeichnungen wie *Buttervogel* kommen dann von der Eigenschaft des Fliegens, die Schmetterlinge mit den Vögeln teilen. So lässt sich auch ein anderer hessischer Name erklären, der aber weiter regional verbreitet ist: *Sommervogel*. Diese Bezeichnung hat neben dem Bestandteil *-vogel* mit der Zeit zu tun, in der die Schmetterlinge meist zu beobachten sind. Im Nordhessischen gibt es noch ein Gebiet, in dessen Dialekten die Schmetterlinge *Papiller* genannt werden. Dies ist mit dem lateinischen *papilio* und dem französischen *papillon* verwandt. Neben zahlreichen weiteren Namen gibt es in Hessen folgende andere Bezeichnungen für den Schmetterling: *Fledermaus* und *Flattermaus*. Das hat einerseits damit zu tun, dass es viele nachtaktive Schmetterlinge (und Motten) gibt und andererseits mit der Fortbewegung des Flatterns, von dem auch die Bezeichnung *Fleder-* in Fledermaus kommt. Diese sehr alten Namen sind in manchen Dialekten erhalten geblieben, heute aber immer seltener im Gebrauch. Für Fledermäuse gibt es beispielsweise alternative Namen wie *Speckmaus*, da man früher davon ausging, dass Fledermäuse an den Speck gehen.

Sie sehen, wie vielfältig – und manchmal verwirrend – schon nur dieser kurze sprachliche Ausflug in die hessische Sprachwelt der Tiere war. Man könnte ihn noch endlos weiterführen. Viele der Bezeichnungen gehen aber zugunsten standardsprachlicher Namen verloren, andere wie *Hinkel* oder *Gaul* können Sie aber auch heute noch oft hören.

Wahrnehmung

Wie denken die Menschen über das Hessische? Wie nehmen sie es wahr und wie bewerten sie es? Häufig liest man über die Beliebtheit der Dialekte, wobei Bairisch und Norddeutsch häufig ganz weit vorne sind. Hessisch rangiert bei solchen Umfragen eher im Mittelfeld oder am unteren Ende. Die Beliebtheit von Dialekten zu messen, ist sehr schwierig. Zum einen ist nicht immer klar, was mit Dialekt gemeint ist oder welchen Dialekt man genau meint: Norddeutsch beispielsweise ist nicht ein einziger Dialekt und allein in Hessen gibt es vier verschiedene Dialekträume. Welchen hessischen Dialekt bewertet man dann also bei solchen Umfragen? Oft ist es auch so, dass die Teilnehmenden sowieso als Erstes die bekanntesten Dialekte nennen. Wir können also ganz beruhigt sein, denn die Platzierung in solchen Umfragen sagt nicht wirklich etwas über die Beliebtheit der hessischen Dialekte aus.

Dialekt imitieren

Die Frage, was eigentlich gemeinhin mit Hessisch gemeint ist, kann aber beantwortet werden. Sie wissen bereits, dass die hessische Sprachlandschaft sehr vielfältig ist. Das wissen auch viele Menschen aus Hessen. Sie können recht gut die Dialektverbände unterscheiden – sie wissen also, ob eine Sprecherin aus der Gegend um Fulda oder ein Sprecher aus dem Odenwald kommt. Dieses Wissen haben meist Menschen, die Dialekt sprechen. Bei vielen gelten aber die Sprechweisen des Rhein-Main-Gebiets als Hessisch. Bittet man sie, Hessisch zu imitieren, dann entspricht diese Imitation mehr oder weniger dieser regionalen Umgangssprache. Und auch wenn nach typischen Merkmalen des Hessischen gefragt wird, werden die typischen Merkmale der Umgangssprache genannt. Das ist ja auch die Variante, die in den Medien zu hören ist und die das Bild des Hessischen prägt. Auch Bücher über das Hessische behandeln oft nur diese Umgangssprache oder den südhessischen Dialekt, was die Prägung noch verstärkt.

Hessisch = Hessisch? S.62 ▪ Kühe S.69
Rhein-Main-Regiolekt S.90 ▪ 6
Mutter und Vater S.7 ▪ Bethmännchen S.22
Grüne Soße S.47 ▪ Hessen S.60 ▪
Kall, mei Trobbe S.64 ▪ Südhessisch S.99

Der hessische Klang

Wenn Menschen, die nicht aus Hessen kommen, Hessisch imitieren, dann verwenden sie meist Medienhessisch bzw. den Rhein-Main-Regiolekt. Die Imitation wird auch erfolgreich sein – aber nur außerhalb Hessens. In einer Studie konnten Menschen aus Hessen sofort erkennen, welche der Imitationen von Hessinnen oder Hessen stammen und welche nicht. Wohingegen Menschen, die nicht aus Hessen kommen, alle Imitationen als Hessisch wahrgenommen haben. Man kann also Hessisch lernen – auch anhand der Merkmale, die hier besprochen werden. Doch wird immer ein letzter hessischer Klang – eine

Nuance – fehlen, den man wissenschaftlich nur schwer beschreiben kann. Wolf Schmidt, Papa Hesselbach, hat es einmal so ausgedrückt: »Aber wann 's aach e paa hunnät hessische Dialekde gibt, mir Hesse, mir merke 's doch gleisch, wann einer kein Hess is.«

Kall, mei Trobbe S.64

Wiesbaden

Frankfurt ist sicher die bekannteste Stadt in Hessen, und auch die größte. Es ist aber Wiesbaden, die mittlerweile zweitgrößte Stadt Hessens, die seit 1. Dezember 1946 mit Gründung des Bundeslands Hessen auch Landeshauptstadt ist. Und die Stadt hat einiges zu bieten: Sie ist eines der ältestes Kulturbäder Europas und gehört zu den wohlhabendsten Städten Deutschlands. Vor allem ein Besuch der Innenstadt lohnt sich, diese wurde im Zweiten Weltkrieg nur wenig zerstört – was übrigens einer der Gründe ist, warum Wiesbaden Landeshauptstadt wurde. Haben Sie schon mal gehört, wie die Landeshauptstadt von vielen Menschen aus Hessen genannt wird? Dort heißt sie nicht *Wiiieeesbaden* wie im Standarddeutschen, sondern *Wisssbade*, also mit kurzem [i] – oft wird auch das [n] am Ende weggelassen.

Machen S.74

Kurhaus Wiesbaden

Lange Vokale werden also kurz ausgesprochen und deshalb bezeichnet man dieses sprachliche Phänomen als *Kürzung* oder *Schärfung*. Es kommt in vielen Dialekten und regionalen Umgangssprachen vor – es bleibt mitunter auch erhalten, wenn die Menschen aus Hessen standardsprachlich sprechen wollen. Außer *Wisssbaden* heißt es dann auch *Tach* (mit kurzem [a]) für ›Tag‹, *Buch* (mit kurzem [u]) für ›Buch‹ oder *Zwibbbel* (auch *Zwiwwwel*) für ›Zwiebel‹.

Wenn Sie sich also in Hessen anpassen wollen, dann sprechen Sie am besten die Landeshauptstadt ebenfalls so aus: *Wisssbade*.

Zentralhessisch

Gesprochen wurden und werden die zentralhessischen Dialekte vom Westerwald über den Vogelsberg bis in den Taunus, von der Lahn bis zum Main. Das Gebiet erstreckt sich über die Landkreise Lahn-Dill-Kreis, Marburg-Biedenkopf, Gießen, Vogelsbergkreis, Wetteraukreis, Main-Kinzig-Kreis, Hochtaunuskreis und Limburg-Weilburg.

Als Zentralhessisch (manchmal auch »Mittelhessisch« oder »Oberhessisch« genannt) werden Dialekte zusammengefasst, die untereinander viele Gemeinsamkeiten aufweisen und die klar gegen andere hessische Dialektverbände abgegrenzt werden können. Natürlich gibt es auch innerhalb des Zentralhessischen Unterschiede zwischen den Sprechweisen einzelner Menschen.

Nordhessisch S.80 ▪ Osthessisch S.85
Südhessisch S.99 ▪ Dialekteinteilung S.122

Mithilfe von fünf Merkmalen, können auch Sie die zentralhessischen Dialekte von den umliegenden abgrenzen:

1. Trenkende Kiender

Die kurzen [i]-Laute werden in diesen Dialekten unterschieden. Während die [i]-Laute von *Kind* und *trinken* im standardnahen Deutsch sehr ähnlich klingen, wird ›Kind‹

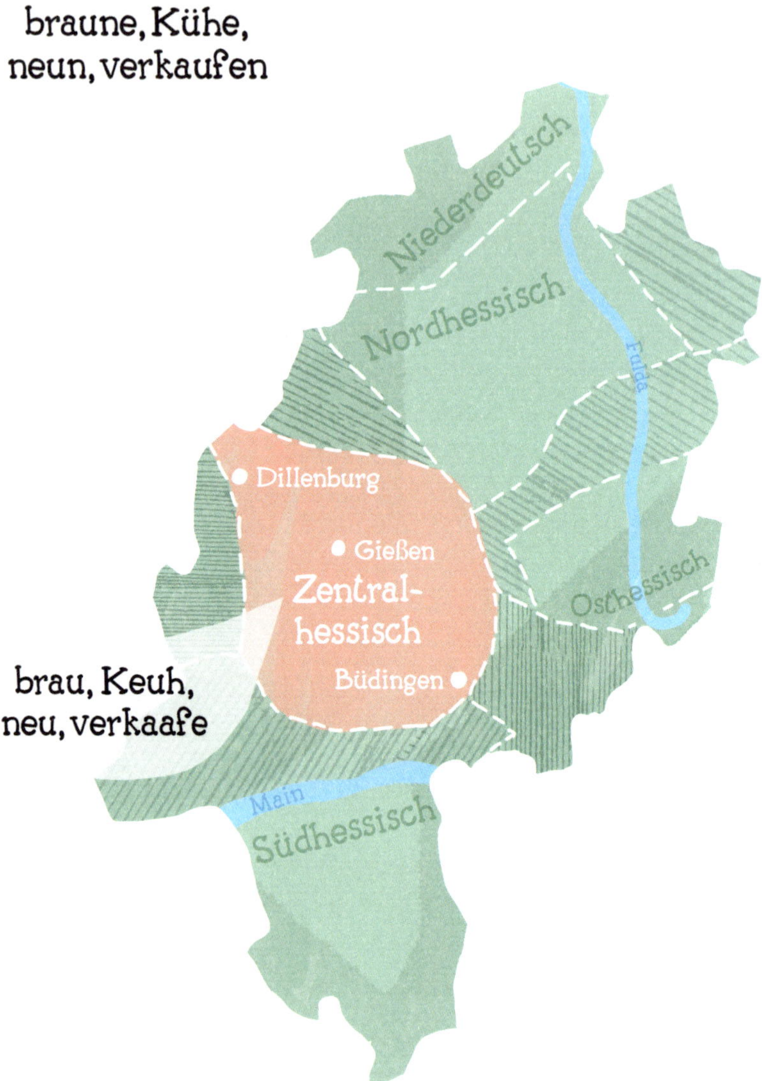

Zentralhessisches Dialektgebiet

im Zentralhessischen *Kient* ausgesprochen – also nicht mit einem langen [i], sondern wirklich mit einem Diphthong aus [i] und [e]: *Ki-ent*. ›Trinken‹ hingegen wird *trenken* ausgesprochen, also mit einem kurzen [e] wie in *schenken*. Die Unterscheidung geht auf das Mittelhochdeutsche zurück.

Diphthong S.123 ▪ Mittelhochdeutsch S.124

2. Schwe-äster, Schwe-äster

Ein zweites Merkmal ist die Aussprache von manchen [e]-Lauten. Diese werden in den zentralhessischen Dialekten ebenfalls zu einem Doppellaut, und zwar zu einem aus [e] und [ä]. Ein Beispiel dafür ist ›Schwester‹, das *Schwe-äster* ausgesprochen wird.

3. Bad Nauheim

Das nächste typische Kennzeichen wird Sie vielleicht verwundern: Im Zentralhessischen werden ›heute‹ und ›Feuer‹ meist so wie in der Standardsprache ausgesprochen. Das erscheint erst einmal nicht als sehr außergewöhnlich – das ist es aber, denn in allen anderen Dialekten rundherum ist das nicht der Fall. Es sei aber angemerkt, dass auch in manchen zentralhessischen Gegenden *haut* und *Fauer* gesagt wird. Deswegen heißt übrigens die Stadt Bad Nauheim so und nicht *Bad Neuheim*.

4. Läiber Brouder

Auch sehr speziell für die zentralhessischen Dialekte ist, dass einige lange Vokale als Diphthonge ausgesprochen werden. Das ist manchmal so beim langen [u] wie in ›Bruder‹, das hier *Brouder* ausgesprochen wird. Außerdem in einigen Fällen beim langen [i] wie in ›lieb‹, was zentralhessisch *läib* (ein Laut wie in *hey*) klingt. Schließlich kommt es noch vor, dass das lange [ü] in manchen Fällen im Zentralhessischen zum Diphthong wird: So werden Kühe hier als *Keuh* bezeichnet (ein Laut wie in *heute*).

Diphthong S.123 ▪ Kühe S.69

5. Schie Fest

Als letztes dieser Kennzeichen ist eine Vertauschung von Vokalen zu nennen. Das kann Menschen, die kein Zentralhessisch sprechen, verwirren: Denn wenn Menschen aus diesem Dialektraum Ihnen etwas von *Brut* erzählen, dann reden sie nicht von ihren Hühnern, sondern von *Brot*. Und ein *schie Fest* hat hier nichts mit Wintersport zu tun, sondern ist schlicht ein ›schönes Fest‹. Ebenso ist *wieh* im Zentralhessischen kein Fragewort, sondern die Aussprache von ›weh‹ – gefragt wird hier mit *wäih*. Das heißt, manche langen [o]-Laute sind im Zentralhessischen lange [u]-Laute, manche langen [e]- und [ö]-Laute lange [i]-Laute.

Diese fünf markanten Merkmale stechen besonders heraus, wenn jemand einen zentralhessischen Dialekt spricht. Achten Sie mal darauf, wenn sie im Westerwald oder

Taunus unterwegs sind. Es gibt aber auch noch eine Reihe weiterer Besonderheiten, die etwas weniger auffällig sind:

Es gibt in zentralhessischen Dialekten – bis auf eine Ausnahme – keine Umlaute: ›Fünf‹ heißt hier *fenf* und ›Köpfe‹ sind hier *Kepp*. Die Ausnahme betrifft den [oi]-Laut wie in *Häuser* oder *Keuh*. Die typisch zentralhessische Aussprache der standardsprachlichen [ei]-, [au]- und [oi]-Laute wird in den Abschnitten »Braune Augen«, »Heißes Eis« und »Neun Bäume« thematisiert. Bei den Konsonanten gleicht das Zentralhessische den anderen hessischen Dialektverbänden – es heißt also beispielsweise *Pund* und *Abbel* für ›Pfund‹ und ›Apfel‹ oder *Daach* und *zeiche* für ›Tag‹ und ›zeigen‹. Eine weitere Besonderheit des Zentralhessischen dagegen ist, dass ein [t] oder ein [d] zwischen zwei Vokalen zu einem [r] wird – es heiß also *Werrer* für ›Wetter‹ oder *Brourer* für ›Bruder‹. Ausgesprochen wird das [r], wie für die hessischen Dialekte üblich, als gerolltes Zungenspitzen-r. Wenn Sie die Wetterau einmal besuchen sollten, seien Sie nicht überrascht, wenn die Einheimischen dort zu ihrem Gebiet *Werrrraa* sagen.

Äppler S.13 ▪ Braune Augen S.24
Heißes Eis S.59 ▪ Neun Bäume S.78 ▪ Äppler S.13
Gude S.52 ▪ Mutter und Vater S.76

Sie sehen, zentralhessische Dialekte haben zahlreiche Eigenheiten oder Besonderheiten. Rudolf Mulch, ein Dialektforscher, hat sie einmal so beschrieben: Das Zentralhessische macht den »Eindruck einer eigenwilligen, knorrigen, um nicht zu sagen derben Sprache«. Ob Sie

Zentralhessisch »knorrig« und »derb« finden, dürfen Sie selbst entscheiden – außergewöhnlich ist es aber auf jeden Fall.

Im Abschnitt zum »Dialekt – heute« geht es darum, in welchen Teilen Hessens heute noch Dialekt gesprochen wird, und in den Abschnitten »Ahle Worscht« und »Sprachwandel – Süd« geht es um die neueren Veränderungen im Zentralhessischen.

Dialekt – heute S. 34 ▪ Ahle Worscht S. 9
Sprachwandel – Süd S. 96

Zwä Stift – oder zwei Stifte

Das grammatische Geschlecht, Genus genannt, ist zurzeit im Zusammenhang mit dem Thema Gendern in aller Munde. Das Phänomen spielt auch in den hessischen Dialekten eine Rolle. So gibt es

Der, die oder das?

Unterschiede zwischen den grammatischen Geschlechtern in der Standardsprache und den hessischen Dialekten. Diese Unterschiede sind sehr markant: So fällt es uns auch sehr auf, wenn Deutschlernende beispielsweise *der Sonne* und *die Mond* sagen.

In manchen hessischen Dialekten heißt es – in entsprechender Aussprache – *der Art*, *der Brille*, *die Bach*, *die Hafer*, *das Schürze*, *das Stift*, *das Ecke* oder *das Ort*. Seien Sie also nicht verwundert, wenn Sie in Hessen bei Eckkneipen *Ins gemütliche Eck* lesen oder wenn Ihnen berichtet wird, *welche* Bach durch *das* Ort fließt, *das* Sie gerade vielleicht besuchen.

Das grammatische Geschlecht spielt auch eine Rolle, wenn Sie Wörter anpassen. So sagen wir im Standarddeutschen *ein schöner Mann*, *eine schöne Frau* und *ein schönes Kind*. Das gilt für alle Adjektive und auch für das Zahlwort *ein/eins*. Bei *zwei* heißt es standardsprachlich immer gleich: *zwei Männer*, *zwei Frauen* und *zwei Kinder*. In vielen hessischen Dialekten wird *zwei* aber nach dem grammatischen Geschlecht unterschieden: So heißt es *zwie/zwe Männer* (der), *zwo/zwu Frauen* (die) und *zwa/zwä Kinder* (das). Dies geht auf das Mittelhochdeutsche zurück. Hier wurde auch schon so zwischen den grammatischen Geschlechtern unterschieden – in der Standardsprache wurde das aufgegeben.

Mittelhochdeutsch S. 124

Glossar

Dialekt: Der Dialekt ist die regionale Sprechweise, die am weitesten von der Standardsprache entfernt ist. Es handelt sich um ein eigenständiges System, das mit dem einer Sprache vergleichbar ist. Dialekte sind lokal begrenzt. Südhessisch beispielsweise setzt sich aus vielen einzelnen Dialekten zusammen.

Dialekteinteilung: Es gibt eine ganze Wissenschaft der Dialekteinteilung. Ihr Ziel ist es, die vielen verschiedenen Dialekte in eine vernünftige Ordnung zu bringen. Hierfür gibt es unterschiedliche Ansätze, wobei sich heute der Ansatz des österreichischen Germanisten Peter Wiesinger von 1983 durchgesetzt hat. Man betrachtet bei einer Einteilung die Eigenschaften oder Merkmale der Dialekte. Die Dialekte, die viele gemeinsame Merkmale haben und sich dabei klar von anderen umliegenden Dialekten unterscheiden, werden zusammengefasst. Dabei werden kleine Unterschiede kaum gewichtet. Ob man beispielsweise *Flaasch* oder *Flääsch* für ›Fleisch‹ sagt, ist nicht so ein großer Unterschied, als wenn man *Fläisch* sagt. Die Einteilung ist nicht immer einfach und die Grenzen sind fließend. Mehr dazu erfahren Sie im Glossar unter den Stichwörtern: **Dialektverband** und **Kern- und Übergangsgebiet**.

Dialektverband: Als Dialektverband werden die Dialekte bezeichnet, die aufgrund der wissenschaftlichen Einteilung zusammengefasst wurden. Zum Beispiel sind Zentralhessisch und Osthessisch jeweils Dialektverbände. Sie bestehen aus vielen einzelnen zentral- bzw. osthessischen Dialekten. Wenn im Text von Zentralhessisch oder dem Zentralhessischen die Rede ist, dann ist dabei immer der Dialektverband gemeint (alternative Begriffe: Dialektraum, Dialektgebiet).

Diphthong: Als Diphthong bezeichnet man die Kombination aus zwei Vokalen, die nicht getrennt, sondern zusammen gesprochen werden. Die Diphthonge der Standardsprache sind: [au] wie in *Auge*, [ei] wie in *Bein* oder *Hai* und [oi] wie in *heute* oder *Bäume* (alternativer Begriff: *Doppellaut*).

Hessisch: Hessisch ist nicht gleich hessisch. Zunächst muss unterschieden werden zwischen hessisch in Bezug auf das Bundesland und hessisch in Bezug auf den Sprachraum. Aber auch sprachlich ist hessisch nicht gleich hessisch. Wenn hier die Rede vom Hessischen ist, dann ist damit die gesamte und vielfältige hessische Sprachlandschaft gemeint.

Kern- und Übergangsgebiet: Bei der Einteilung von Dialekten unterscheidet man Kern- und Übergangsgebiete. Dialektgrenzen sind keine festen Grenzen – man überschreitet nicht auf einem Meter eine Grenze und ist in einem anderen Dialektgebiet. Die Dialekte gehen in ihren Grenzräumen langsam oder gestaffelt ineinander über. Die Gebiete zwischen den eigentlichen Dialektgebieten, den jeweiligen Kerngebieten, nennt man Übergangsgebiete.

Die Dialekte in diesen Räumen teilen sich also Eigenschaften der Dialekte aus den jeweils angrenzenden Kerngebieten.

Konsonant: Konsonanten sind sogenannte Mitlaute. Bei ihnen wird der Luftstrom bei der Aussprache durch die Lippen oder die Zunge behindert. In den meisten Fällen wird der Luftstrom dabei entweder komplett unterbrochen und dann plötzlich wieder freigegeben, wie bei [p], [b], [t] oder [d], oder durch eine Enge beeinflusst wie bei [ch] oder [s].

Mittelhochdeutsch: Mittelhochdeutsch ist eine historische Vorstufe des Deutschen. Es wurde zwischen 1050 und 1350 gesprochen. Es gab damals noch keine überdachende Standardsprache, sondern viele verschiedene Sprechweisen, die im Nachhinein von der Wissenschaft als Mittelhochdeutsch zusammengefasst wurden. Wichtig ist die Vorstufe, da es hier ein anderes System an Lauten gab als in der heutigen Standardsprache. Einige Laute, die im Mittelhochdeutschen unterschieden wurden, sind heute zusammengefallen. So hieß es beispielsweise *îs* (mit einem langen [i]) für ›Eis‹ und *heiß* (damals noch mit einem Laut wie bei ›hey‹) für ›heiß‹. *Eis* geht also auf mittelhochdeutsch *î* zurück und *heiß* auf mittelhochdeutsch *ei*. Diese Unterscheidung wird in vielen Dialekten, so auch den hessischen, beibehalten.

Regionale Umgangssprache: Als regionale Umgangssprache wird eine regionale Sprechweise bezeichnet, die irgendwo zwischen den Dialekten und der Standardsprache liegt. Sie enthält viele dialektale oder auch regionale

Merkmale, aber nicht mehr so viele wie der Dialekt, und hat eine großräumigere Verbreitung (lokal vs. regional). Sie kann zwar auch als eigenes System beschrieben werden, ist aber flexibler als Dialekt und Standardsprache. Es gibt seltener Normen, und Veränderungen finden viel schneller statt. Regionale Umgangssprachen können ganz unterschiedlich aussehen und treten auch in unterschiedlichen Abstufungen auf: So gibt es dialektnähere und standardnähere Sprechweisen. Ein anderer Begriff dafür ist in der Wissenschaft auch *Regiolekt*.

Standardsprache: Als Standardsprache wird hier die normierte Schrift- und Aussprache des Deutschen bezeichnet, die frei von allen regionalen Merkmalen ist. Zu hören ist sie am ehesten bei Nachrichtensprecherinnen und -sprechern. Oft liest man auch die Bezeichnung *Hochdeutsch*. Diese meint zwar dasselbe, ist aber doppeldeutig, da sie auch eine regionale Bedeutung hat. Aus diesem Grund wird hier von Standardsprache oder Standard gesprochen.

Umlaut: Als Umlaute werden hier der Einfachheit halber die vorderen, runden Vokale [ö] und [ü] (lang und kurz) sowie der runde Diphthong [oi] bezeichnet.

Vokal: Vokale sind sogenannte Selbstlaute. Im Gegensatz zu Konsonanten wird hier der Luftstrom nicht unterbrochen. Er wird nur durch die Zungenstellung, die Mundöffnung und die Lippen verändert. So entstehen die unterschiedlichen Vokale. Sie können außerdem kurz oder lang sein. Einige Vokale der Standardsprache sind: [a], [e], [i], [o], [u], [ä], [ü] und [ö].

Literatur

Die Ausführungen dieser Reise durch die hessische Sprachlandschaft basieren hauptsächlich auf folgenden Werken, die ich Ihnen auch für eine weitergehende Auseinandersetzung mit dem Hessischen empfehlen kann. Sie sind allerdings primär rein wissenschaftlich orientiert.

Fleischer, Jürg / Magnus Breder Birkenes (2019): Zentral-, Nord- und Osthessisch. In: Herrgen, Joachim / Jürgen Erich Schmidt (Hg.): *Sprache und Raum. Ein internationales Handbuch der Sprachvariation. Band 4: Deutsch.* Unter Mitarbeit von Hanna Fischer und Brigitte Ganswindt. Berlin/Boston: De Gruyter Mouton. (Handbücher zur Sprach- und Kommunikationswissenschaft. 30.4), 435–478.

Friebertshäuser, Hans (1987): *Das hessische Dialektbuch.* München: C. H. Beck.

Herrgen, Joachim / Lars Vorberger (2019): Rheinfränkisch. In: Herrgen, Joachim / Jürgen Erich Schmidt (Hg.): *Sprache und Raum. Ein internationales Handbuch der Sprachvariation. Band 4: Deutsch.* Unter Mitarbeit von Hanna Fischer und Brigitte Ganswindt. Berlin/Boston: De Gruyter Mouton. (Handbücher zur Sprach- und Kommunikationswissenschaft. 30.4), 478–515.

Vorberger, Lars (2019): Regionalsprache in Hessen. Eine Untersuchung zu Sprachvariation und Sprachwandel im mittleren und südlichen Hessen. Stuttgart: Steiner (*Zeitschrift für Dialektologie und Linguistik*. Beihefte. 178).

Wiesinger, Peter (1980): Die Stellung der Dialekte Hessens im Mitteldeutschen. In: Hildebrandt, Reiner / Hans Friebertshäuser (Hg.): *Sprache und Brauchtum.* Bernhard Martin zum 90. Geburtstag. Marburg: Elwert (Deutsche Dialektgeographie. 100), 68–143.

Wiesinger, Peter (1983): Die Einteilung der deutschen Dialekte. In: Besch, Werner / Ulrich Knoop / Wolfgang Putschke / Herbert Ernst Wiegand (Hg.): *Dialektologie. Ein Handbuch zur deutschen und allgemeinen Dialektforschung.* 2. Teilbd. Berlin / New York: De Gruyter (Handbücher zur Sprach- und Kommunikationswissenschaft. 1.2), 807–900.

Impressum

D C B A
Bibliographisches Institut GmbH, Mecklenburgische Straße 53,
14197 Berlin

Texte Dr. Lars Vorberger
Redaktion Dr. Laura Neuhaus, Julia Renkwitz
Illustrationen Carina Crenshaw

Herstellung Saskia Meisenbach
Layout und Satz Dirk Brauns, estra.de, Berlin
Umschlaggestaltung und -abbildung: Tom Leifer Design, Hamburg
Druck und Bindung Firmengruppe APPL
Senefelderstraße 3–11, 86650 Wemding
Printed in Germany

ISBN 978-3-411-75673-5
www.duden.de

PEFC
PEFC/04-31-2260

PEFC zertifiziert
Dieses Produkt stammt aus nachhaltig bewirtschafteten Wäldern und kontrollierten Quellen.

www.pefc.de